AF450669

LE PROCEZ CRIMINEL.

CONTENANT L'ORDRE ET FORME de proceder aux matieres Criminelles, selon les Loix Ciuiles & Canoniques, Arrests & Ordonnances Royaux.

Par CLAVDE LE BRVN DE LA ROCHETTE, Aduocat en la Seneschaussée & Siege Presidial de Lyon, & au Bailliage de Beaujolois.

LIVRE PREMIER.

M. DC. XLVII

A MONSIEVR LE BRVN
SVR SON OEVVRE DV
PROCES CRIMINEL.

FAY le procés, Honneur des beaux esprits,
A tous delitts, mais non pas à l'Enuie:
Car en mordant les plus rares escrits,
Par ses tourmens, son vice elle chastie.

A. PERRAVD, Lyonnois.

L'Oisiueté pro-
duit

La paillardise qui consiste au
- Maquerelage,
- Fornication, { violente, forcée,
- L'Adultere qui participe du { Larcin, Homicide, Pariure, Sacrilege, Inceste, Volerie, Idolatrie.
- Rapt de la { Vierge, ou Vefue.
- Sodomie.

Le larcin.
- Expilation d'hoirie,
- Sacrilege,
- Peculat,
- Concuffion,
- Plage, &c.

La force publique, ou priuée, par
- l'Homicide, { Cafuel, Pourpensé, Confeillé, Commandé, Faux témoignage.

Crime de leze Majefté
- diuine ——— { Sorcellerie, Herefie, Simonie.
- humaine { à la Perfonne du Prince, à fon Eftat, à fon Confeil.

LE PROCEZ
CRIMINEL.
LIVRE PREMIER.

LA FAINEANTISE, SOVRCE DE TOVS CRIMES
MALHEVREVX. §. I.

OVT ainſi que les ronces & chardons croiſſent abondamment aux terres incultes & non labourées, & les crapaux s'engendrent aux marais & eaux croupies (dit le François S. Bernard:) de meſmes les peruerſes & mauuaiſes penſées s'amaſſent & accroiſſent demeſurément dans les ames attaintes de l'oiſiue faineantiſe, qui hebete entierement les ſens, engourdit les principales parties de l'ame raiſonnable, & les rend inutiles à l'execution d'aucune choſe vertueuſe. C'eſt pourquoy tres-prudemment Solon en ſes loix permet indifferemment à toutes perſonnes d'accuſer les faineants en Iuſtice. Et Dracon Legiſlateur Athenien les condamnoit à la mort. L'Empereur, és loix ciuiles, dit, que l'eſprit du pareſſeux ne couue rien de bon. Platon a faict des loix contre la fetardiſe: Et Muſonius (ce que Caton le Céſeur ſouloit ſi ſouuent repeter à ſes ſoldats) ἀντι (dit-il) πωράξις καλὸν μετὰ πόνϰ, ὁ μὲν πόνϟ οἴχεται, καὶ καλϟ μένει, ἀντι ποιήσις αἰσχρον μετά ἡδ'οιῦς, ἰδ'η οἴχεται, ἠ αἰσχϟ μένει. Margin: *Effects de la Faineantiſe.* / *Plutar. in Solon.* / *In authent. de monach. col.10.*

Ce ne fut donc pas ſans raiſon; que Amaſis Roy d'Egypte, ayant ordonné, que tous ſes ſuiets vne fois l'an, ſe preſenteroient deuant le Nomarche ou Gouuerneur, chacun en ſon reſſort, pour rendre raiſon des actions de leur vie, & de leurs moyens, decerna peine capitale contre les faineants & oiſifs, qui comme freſlons & mouſches gueſpes, mangent & conſomment inutilement la ſubſtance de ceux qui trauaillent. Auſſi au rapport d'Athenée, les Areopagites, ſuiuant la loy ſus alleguée de Solon, tenoient ſoigneuſement la main à l'eſtroicte obſeruation d'icelle: comme ils firent voir par l'exemple qu'il rapporte de Menedemus, & Aſclepiades. Ces deux ieunes hommes tres pauures, mais au ſurplus extrement addonnez à l'eſtude de la Philoſophie, voyans les Areopages, qu'ils ne perdoient vne ſeule leçon, les appellent pour s'enquerir, où ils prenoient les moyens de viure. A l'aſſignation ils requirent que l'on fiſt venir vn boulanger, qu'ils nommerent, à fin qu'il fuſt ouy ſur leurs deportements. Il depoſa que toutes les nuicts, Menedemus & Aſclepiades tour à tour venoient en ſa maiſon, où ils eſtoient employez à tourner la meule: puis au matin celuy, qui auoit ainſi trauaillé ſe retiroit, emportant pour ſalaire demy dragme d'argent enuiron quatre ſols Margin: *Lib. 4. de legib.* / *Loy remarquable entre les Egyptiés.* / *Lib. 4.* / *Traict digne de la marque.*

4

de noſtre monnoye,) Ce qu'admirant le Conſeil , leur ordonna deux cens dragmes de deniers publics en reconnoiſſance de leur vertu.

Pour cette raiſon , bien que Creanthes fuſt pauure , il s'eſtimoit neantmoins (contre la commune opinion des hommes) plus heureux que tous les riches de ſon pays : parce (diſoit' il) qu'il trauailloit lors qu'ils ſe repoſoient, au lieu que le vulgaire n'eſtime heureux que ceux qui ont moyen de viure ſans rien faire , & qui conſomment leurs iours en l'oiſue faineantiſe , bien qu'il n'y aye rien de plus miſerable. Ce que Themiſtocles ſignifioit aſſez appellant l'oiſiueté, la ſepulture de l'homme viuant : parce que la ſeule vie , & reſpiration exceptées , pour le regard des autres actions, il n'y a aucune difference entre vn homme vif & vn mort , puis que l'vn ny l'autre ne fait rien. Et fut l'occaſion que Seneque paſſant prés la maiſon de Plaiſance , en laquelle Seruilius Vaccia , apres auoir quitté le maniement des affaires publiques s'eſtoit retiré , dit, pour taxer ſa fetardiſe, à ceux qui l'accompagnoient, *hic iacet Vaccia.* Auſſi comme les femmes produiſent bien d'elles meſmes , & ſeules , des amas & pieces de chair informes , mais non des creatures bien formées ; de meſmes les eſprits, s'ils ne ſont occupez à certain ſuiet, qui les bride & contraigne , ſe iettent deſreglez dans le champ vague & vicieux des imaginations, & n'y a folie ny reſuerie qu'ils ne produiſent en cette agitation,

——— *velut agri ſomnia vani.*

Finguntur ſpecies, vt nec pes , nec caput vni Reddatur forme.

——— *variant ſemper dant otia mentem.*

Le Temple du Repos hors la ville de Rome. Les Romains ne voulurent iamais loger dans l'enclos de leur ville , le temps dedié à la Deeſſe Quies ; ains la mirent aux faux-bourgs, parce que ſuiuant le commun apophthegme des Spartiates , ils eſtimoient qu'il falloit inuoquer les Dieux tenans la main à l'œuure , comme faiſoient Cincinat, Fabricius Serranus , &c. Et ſuiuant l'Empereur Veſpaſien, tancé par ſon Medecin de ce qu'il expedioit les affaires de l'Empire au fort de la derniere maladie, de laquelle il mourut, reſpandit ; Il faut qu'vn Empereur meure debout. Auſſi fut-ce contre l'aduis de Scipion Naſica, que la ruine & demoli-

Prudent aduis au Scipion Naſica. tion de Carthage fut reſoluë ; car il preuoyoit bien qu'auſſi toſt que les Romains auroient perdu vn ſi puiſſant ennemy que les Carthaginois, l'oiſiueté ſe meſlât parmy eux, y introduiroit auſſi-toſt la feneantiſe, & cette-cy le luxe, & le luxe les guerres ciuiles, dôt s'enſuiuroit la ruine totale de la Republique.

La fin pour laquelle l'homme a eſté creé. Si les faineants miſerables (*inutilia terræ pondera*) conſideroient le but, pour lequel ils ont eſté colloquez dans le grand temple de ce Monde, ils reconnoiſtroient que ce n'eſt pour y demeurer les bras croiſez, pendant que tant de lumieres brillantes, dont le Fondateur de l'vniuers a emperlé le lambris de la voûte celeſte , tiennent inceſſamment la route qu'il leur a ordonnee : qu'outre le branſle meſuré de nos quatre ſaiſons, les volantes troupes des oyſeaux, les exaims des poiſſons ecaillez qui peuplent les eaux tant douces que ſalées, les reptiles & autres animaux, ſuiuent inuiolablement & ſans intermiſſion l'inſtinct du naturel qui leur eſt infus , taſchant de tenir chacun endroit ſoy leur partie de cette harmonieuſe & corcordante muſique, qui reſulte de la ſymmetrie du Monde : les ſeuls oiſifs en rompent l'harmonie, diuertiſſants les ſens de leur ame & du corps à autre vſage que celuy , auquel ils ſont deſtinez par l'Eternel.

Nous tenons pour impies ceux que la tyrannie de l'auarice eſclaue tellement, qu'ils ne s'abſtiennent pas du trauail mechanique les iours du repos commandez par la Loy de Dieu, de ſon Egliſe ; ne faiſons pas plus fauorable iugement en faueur de ceux qui vaincus par la molle oyſiueté, ſe ropoſent aux iours deſtinez au trauail. Car la meſme Loy qui commande de chommer & ſanctifier le iour du repos, enioint auſſi le trauail au iours ouurables: Et s'il n'y auoit point de vice à la tranſgreſſion de l'vn, ny de l'autre, le pere de famille Euangelique n'euſt ſi aigrement reprins les vignerons qu'il trouua oiſifs:le Sage, pour nous diuertir de la pareſſe,ne nous renuoyeroit a la fourmy : l'Apoſtre ne nous exhorteroit de trauailler pendant que nous en auons le temps : & le Sauueur,de nous acheminer tandis que le iour dure.

Commandements diuins contre la faineantiſe.

Diogenes enquis en quoy differoient les faineans des induſtrieux & diligens,en ce (dit-il)que les bons different des meſchans, qui eſt en eſperance: car l'homme de bien, qui ſuiuant les ſentiers du Sauueur, trauaille fidellement en la vacation,à laquelle il eſt appellé,ne deſchoit iamais de l'eſperance de voir ſes benedictions eſtenduës ſur ſon labeur. Au lieu que les oiſifs, qui ſe veulent exempter & affranchir du commandement faict à tous les hommes, pour paine de l'offence du premier, de manger leur pain à la ſueur de leur viſage,s'oppoſans à la volonté du Toutpuiſſant,ſentent tellement appeſantir la main de ſes maledictions ſur leurs fortunes,qu'enfin preſſez d'vne honteuſe pauureté, ils ſont contraints de vagabonder parmy le Monde,& tournet toute leur induſtrie aux voleries, qui les conduiſent par vn tres-iuſte iugement de Dieu, ſur vne rouë, au gibet,ou aux galeres:dont la deprauation de noſtre ſiecle ne nous fournit que trop d'exemples.

Le trauail eſt ordonné à l'homme pour puniriõ de l'offence du premier.

Ce ſera donc l'office d'vn Iuge, homme de bien, de tellement auoir l'œil au deuoir de ſa charge, que de ne ſouffrir tels freſlons en la Iuriſdiction, ny autres perſonnes, deſquelles la vie & la profeſſion ne ſe rapporte à vne fin approuuee par la Loy de Dieu,& qui ne viſe à l'vtilité de la ſocieté humaine, comme l'ont voulu meſmes entre les Ethniques, Euſtratius, & Ariſtote. Car ce n'eſt pas induſtrie, la ruſe qu'aucuns ont de deſtrober ſi ſubtilement,qu'ils ne peuuent eſtre apperceus, comme faiſoient les Lacedemoniens : ou à piper les dez, ou bien diſſimuler vne trahiſon, ou à eſtre valeureux pyrate & eſcumeur de mer,tels qu'eſtoient Ariadin, Barberouſſe, & Dragus Roy:ou à desbaucher les ieunes perſonnes, comme font les ruffiens & maquereaux. Non plus que ce n'eſt pas art deſçauoir bien dancer ſur vne corde, ou faire des ſauts perilleux, comme font quelques charlatans:ou de ietrer vn grain de mil dé la diſtance d'vne toiſe par le trou d'vne aiguille,comme faiſoit le Grec qu'on mena à Alexandre ; ou dreſſer vne harmonie de voix de pourceaux, comme on fiſt voir au Roy Louys XI. Ou de contrefaire le Roſſignol, comme quelqu'vn ſe vantoit à Ageſilaus de pouuoir faire, & mille autres telles vanitez,qui n'apportent (ſelon le dire de Diogenes)qu'vne extreme fatigue d'eſprit & de corps, auec la perte du labeur & du temps,à ceux qui s'y employent.Mais il aura ſur tout l'œil,à faire pour ce regard,comme en toute autre choſe, eſtroictement obſeruer les Ordonnances de nos Roys,qui pour monſtrer de combien les faineants,vagabons, & gens inutiles ſont preiudiciables aux Republiques,ont de tout temps ordóné que leur procés leur ſoit fait & parfait par les Iuges Royaux,nonobſtant oppoſitions, ou appellations quelconques : & qu'ils ne ſoient ſous pretexte de ce amenez à la Cour, ſinon en cas qu'ils fuſſent appellans de la queſtion, de mort, ou autre peine corpo-

Le deuoir du Iuge enuers les inutiles faineants.

Vains & inutiles exercices.

Ordonnãces contre les faineants.

relle, *Charles V I I I. 1493. 55. Louys XII. 1498. art. 91.* Et s'ils s'assemblent
par troupes) veu qu'ils ne peuuent viure que de voleries & larcins) il est
permis à vn chacun, sans crainte de punition de Iustice, de les destrousser,
voire tailler en pieces, s'ils font restance, sans qu'il soit besoin obtenir sur
ce lettres de remission estant leurs hardes, bagage, & ce qu'ils portent, donné
par confiscation à ceux qui les ont deffaits & deualisez: & si aucuns d'entr'eux
sont prins & mis en Iustice, doit estre contr'eux procedé promptement,
briefuement, & rigoureusement. *François I. en Septembre 1523. contre les va-*
gabons & auanturiers. Et quand ils sont attaints & conuaincus de volerie, ils
doiuent estre rompus sur la rouë, & illec laissez, iusques à ce que la mort naturelle s'en ensuiue, ou qu'autrement soit ordonné par la Iustice, auec deffences à toutes personnes de ne leur donner cependant aucun secours. *Fran-*
çois I. à Paris en Iannier, 1534. Et pour les apprehender est permis batre la clo-
che, ou tocsain par les villages, pour assembler toutes sortes de personnes à fin
de leur courir sus, & les rendre à la Iustice. Et peuuent les causes de telles gés
estre iugées en nombre de dix ou douze Assesseurs, & executées nonobstant
opposition ou appellation quelconque. *François I. 1540. art. 10. Henry. III. 1579.*
aux estats de Blois, art. 196. Et sont les Preuosts des Mareschaux Iuges compe-
tans de telle canaille, la Iurisdiction desquels ils ne peuuët decliner. *Henry. IV.*
en Auril, 1598 sur la pacification des troubles : & ainsi a esté iugé par infinis Arrests.

Remarquera le Lecteur, que Rebuffe sur l'interpretation de l'ordonnance
faicte par François premier contre les voleurs, portant condamnation de la
rouë, dit qu'elle fut publiée à l'occasion du Sieur de Nantoüillet, fils du Le-
gat du Pape, qui fust blessé courant la poste, par quelques vagabons. Au surplus, Cujace liure premier de ses Obseruations, chapitre vingt-huictiéme, remarque, que le supplice de la rouë n'est inuenté des anciens, *vide l. capitalium.*
ff. de pœnis. Nouell. 133. cap. vltim. Cæl. Rhodigin. lib. 10 cap. 5. car la rouë, de laquelle vsoient les anciens pour la torture, est bien differente de nostre,
comme a monstré le Caton *au 4. liure des Pandectes du droict François.*

Par ordonnance d'Henry II. *publié en l'année 1558. art. 1. 2. & 3.* est enioint aux oisifs, vagabons, & gens sans art, & sans adueu de vuider la ville
de Paris, & le Royaume. Enioint aux Cómissaires du Chastellet de les faire
prendre & leur faineantise connuë, estre par le Lieutenant Criminel & officiers, condamnez à la peine de mort: & qu'à ces fins recherche en seroit faite, & les maistres des logis tenus de donner par roole les noms de leurs in-
quilins, sans fraude, à peine de confiscation de leurs maisons, s'ils en sont proprietaires, ou de leurs meubles s'ils ne sont que locataires, & d'amende arbitraire: & en outre de respondre des fautes qui pourroient estre commises par
ceux qu'ils recelent frauduleusement.

Egyptiens
bannis du
Royaume.

Celle de Charles IX. *publiée à Paris le 22. Iannier 1567.* y est encor plus
expresse : & auparauant *par l'article 104. des Ordonnances publiées, l'an. 1560. és*
Estats d'Orleans, les Egyptiens, leurs femmes, & enfans : & tous ceux de leur
suite (Vermine qui s'engendre és monts Pyrennées & apres comme chenilles
se respandent sur les meilleures Prouinces de France) y sont compris auec
enionction de vuider dans deux mois le Royaume : & où apres ce temps ils
y seront trouuez, est mandé au Iuges Royaux, de faire razer aux hommes
leurs barbes & cheueux, sans autre forme de proces, & apres les deliurer aux
maistres des Galeres, pour y estre conduits, & seruir le Roy l'espace de trois

ans. Bodin au 5. l. de sa Republique, chap. 2. rapporte vne ordonnance d'Espagne de Ferdinand, de l'année 1494. contre les mesmes, en ces termes, *Que los Ægyptianos con sennoras, salgan del Reyno d'entro sessanta dias.*

C'est donc non seulement contre ceux-cy, mais aussi contre tous ceux qui font profession de la paresseuse faineantise, que le bon Iusticier se doit armer des Loix & des Ordonnances, pour obuier à ce qu'en telles ames peruerties, les meschantes impressions n'y prennent pied, & que la partie intellectuelle estant abbatuë, & comme accablee par la sensuelle: ils ne suiuent la route de ce qui leur est plus facilement graué en l'obiect visible: comme la paillardise, autres vices de pareille trempe, qu'ils embrassent plus volontiers, comme plus agreables à leurs imaginations.

LE MAQVERELAGE, §. II.

Tout ainsi que les voleurs nommez par les Ægyptiens Phyletes, ou baiseurs, ou les brigands, qui s'accostent amiablement des passans, pour après les tirer à l'écart & les égorger impiteusement, sont plus à craindre que ceux qui assaillent à force ouuerte: de mesme les voluptez (pestes blandissantes de nos esprits) doiuent estre fuyës, selon le conseil de Seneque à Lucius, comme nos plus grands aduersaires, qui destournent de la vertu les principales facultez de l'ame, nous embrassans à fin de nous estrangler, & nous conuians à leurs festins, comme Absalon, pour nous assassiner. Car comme le poison meslé au vin, est du commencement agreable à ceux qui l'aualent, mais après il fait sentir sa venimeuse & mortelle amertume; ainsi ceux qui aualent les voluptez, pour vn peu de douceur, goustent beaucoup de fiel, veu que tels pechez *sunt aut perpetuis redimenda lachrymis, aut æternis luenda suppliciis.* Et n'auoit que fort à propos intitulé son embléme, celuy qui a mis, *Voluptatis vsuræ morbi;* parce que *delectat & angit.* Et toutesfois nostre miserable siecle a produit vne fourmiliere de monstres de l'vn & de l'autre sexe, qui seruent de diables visibles entre les hommes (comme si la nature de soy n'estoit asez deprauée) inuitent & poussent les humains aux sales & detestables exercices de venus, employás toute l'industrie de leurs ames à seduire, à borner & corrompre la pudicité & chasteté des filles, & matrones des plus honorables familles, pour les prostituer impudiquement à l'effrenée concupiscence des premiers boucs puáts qui les en requierent, tirans vn vilain & sordide gain de chose deshonneste. Soit donc que les execrables bourreaux des consciences, tiennent les paillardes, dont ils sont courratiers en leurs maisons; soit que par allechemens, blandices, promesses & artifices, il les y attirent, ou qu'ils conduisent vers elles les hommes débordez, ils ne sont en rien dissemblables de ceux *qui proprio corpore quæstum faciunt,* comme le decide Vlpian, en la Loy *palam. §. lenocinium. ff. de ritu nupt. l. Athletas. § 1 ff. de his, qui not. infam.* Que si le plus grand de tous les Athées qui ont escrit, Luciam iuge ce crime detestablement abominable, à plus forte raison le doit il estre entre les Chrestiens. Aussi les loix ciuiles l'ont tousiours griefuement puny, *lib. 2 § qui lenocinii. & d. l. Athletas. § qui lenocinii, ff. de his, qui not. infam. l. 1. §. lenocinii, & § qui hæc. ff. ad legem l. l. de Adult. Ambient. de lenonibus, per totum, coll. 3. lib. de crimine § fin. & lib. ita nobis pidor. C. ad legem. Iul. de adult.* Et estoit encor anciennement puny du dernier supplice, s'il estoit verisié que le maquereau fust coustumier de suborner les filles & les femmes qu'il trainoit à perdition, qu'il les y eust induites par present & paroles persuasiues, & que par ce moyen il les eust renduës obeyssantes à sa volonté, & à la prostitution qu'il en desiroit faire, pour tirer gain de telle turpitude, §. *præconiʒamus, & ibi gloss. & Bart. in Authent. de lenonibus, coll. 3 l. aut facta, ff. de pæn. l. sæpe, in fin. ff. de verb. sign. l. 1. ff. de seruo corrupt. l. 2. §. 2. & lib. qui domum suam. l. is cuius ope. l. mariti lenocinium. ff. ad leg. Iul. de adult. l. 2. & l. castitati, C. eod.* qui font pour tous ceux qui apportent aide, conseil, & faueur à telle vilainie.

Moderation de la peine des maquereaux Arrest contre la Dumoulin.

Toutesfois les Cours souueraines des Parlemens de ce Royaume, & les inferieures, les punissent plus doucement, se contentans du bannissement auec la fustigation par les carrefours des villes, où ils exercent leurs courtages, & où ils sont apprehendez; comme il s'est veu ces années dernieres, apres mille Arrests en la punition de la Dumoulin, celebre maquerelle de Paris bien que *talia dæmonum abiectissima mancipia* soient plus dommageables à la pudicité, que les diables mesmes qui ne peuuent si facilement esbranler la continence d'vn deuot Religieux, ou la chaste fidelité d'vne femme, que ces abominables instrumens de sathan, par leurs piperie & allechemens. Que si bien ils éuitent icy la punition de la Iustice humaine, ils n'éuiteront pas la diuine, qui paye tousiours au meschant auec vsure, le salaire de sa meschanceté : *& tarditatem supplicij grauitate compensat.*

La paillardise fille de l'oisiueté, & du maquerelage, produict :

1. **La fornication** { Volontaire, ou Forcee } commise auec :
   - La vierge Incorrompuë, est stupre.
   - La vesue d'entiere reputation.

2. **L'adultere** qui a communication auec :
   - le larcin,
   - l'homicide,
   - le pariure,
   - le sacrilege
   - l'inceste,
   - la vollerie,
   - l'idolatrie.

   Peut estre poursuiui { Par le mary. / Par les parens. }

3. **Le rapt** de la :
   - Vierge,
   - Nonain,
   - Femme mariee,
   - Vesue,
   - Fils de famille,
   - la Fiancée par son Fiancé,

4. **L'inceste** auec :
   - la Mere,
   - la Sœur,
   - la Fille,
   - la Niepce,
   - la Tante,
   - la Cousine germaine.

5. **La Sodomie** :
   - Par corruption de soy-mesme,
   - Auec l'homme ou la femme, *relicto naturali vsu.*
   - Auec la beste brute.

LA FORNICATION. §. 1.

LEs Poëtes, qui sous les voiles de leurs fictions poëtiques, ont couuert plusieurs rares secrets de choses vertueuses, pour faire entendre aux humains combien la cohibitation illicite de l'homme & de la femme est nuisible au corps & à l'âme, ont feint que Venus, mariée a Vulcan, Dieu du feu & des forgerons, le voyant boiteux, s'accointa de Mars, Dieu des batailles, auec laquel couchée, estant découerte par le Soleil, & accusée à son mary, il leur tendit des rets inuisibles, dans lesquels les amans estant surpris & enueloppez, il les exposa en risée à Mercure, Neptune & Apollon : voulans monstrer par les sens plus intrinseque de cette fable, combien les excez lascifs endommagent toutes les puissances du corps. Car Venus (qui n'est autre chose que l'humidité) estant iointe à Vulcan, la chaleur n'aturelle (laquelle, comme le boiteux, va tousiours haussant ou baissant, va aussi augmentant ou diminuanten l'homme) occasionne la production & generation. Mais lors que la chaleur excessiue incite la personne à la lasciueté luxurieuse, qui procede du boüillant desir de la conionction, estant en son extremité, par la commixtion des deux, le Soleil (qui est la raison humaine) fait connoistre que par tel excez la chaleur defaut en l'homme (par la consommation des esprits & de l'humide radical,) laquelle manquant manque semblablement la force de continuer tel exercice:& ne sont les rets inuisibles, dans lesquels les amans se trouuent pris : faisant au surplus ressentir aux puissances & principales facultez naturelles (qui pour leurs vertueuses operations sont nōmées diuines)tel defaut de chaleur, à faute de laquelle elles demeurent defeɛueuses:& sur toure le cœur, le foye, le cerueau (lesquels influēt Appollō, Mercure, Neptune)patissēt le principal interest de telle defeɛuosité.

Et toutesfois bien que le souuerain Reɛeur de ce grand vniuers ne nous demande en reconnoissance de tant de biens faits que nous receuons iournellement de sa Maiesté supréme, sinon que nous nous abstenions de ce mortel poison ; il semble neantmoins que les trois parts de la race des hommes, postposant les Loix de Dieu aux allechemens de la chair, prennent vn singulier contentement à se precipiter dans les abysmes de ces infamies, quoy qu'auec la perte des biens, du corps & de l'ame, ores qu'ils soient ignorans, que, *qui alit scortum, perdet substantiam.*

La Fornication donc, est l'illicite conionction ou copulation charnelle de l'homme & de la femme, qui ne sont l'vn ny l'autre liez par fiançailles, promesses, mariage,ou vœu de Religion, soient filles ia desflorées,ou vefues,putains,concubines,*cap.meretrices.23. qu.* 4. Et ores qu'aucuns la tiennent pour faute legere: neantmoins elle est condamnée comme crime qui apporte vne foudaine mort à l'ame,par l'expresse parole de Dieu ; *Exod.* 2. *& de l'Apostre ad Galat.* 5.*ad Corinth.*6.*Clement.ad nostram, & ibi gloss.in verbo non est, de hæret. in Clement.* C'est pourquoy par l'expresse disposition du droiɛ Canon, le concubinat est prohibé,bien qu'il fust tolleré par le droiɛ Ciuil, *l. in concubinatu. ff. de concub.*Ne pouuant estre appellé faute legere,ce qui priue l'homme de la grace de Dieu, & de sa bien vueillante proteɛion pour le rendre esclaue du diable : outre les maladies corporelles que tel exercice apporte,comme l'epilepsie : car les Grecs l'appellent, μίχεσι ἐπιληψίαν.

Qqq

Tristis, & morbi species horrenda caduci,
Cùm iacet axanimis, post sua facta, Venus.

Outre les defluxions, pertes de barbes & de cheueux, bruits & tintemens d'oreilles, la chassie des yeux, douleurs de dents, tremblement de membres, paralysies, apoplexies, goutes podagriques & chiragriques, arthritides, & autres infinies, que reçoiuent en appanage ceux qui se monstre violens en ce sale exercice: suiuie d'vne intempestiue vieillesse, qui est l'égout de tous les excez & débauches passées, si tant est qu'il soit permis à ceux qui commettent tels excez, de vieillir: veu que outre qu'ils moissonnent soudain la plus florissante verdeur de l'aage, plusieurs sont morts aux actes Veneriques mesme: comme Cornelius Balbus, le Poëte Pindare, Quintus Eterius, Cheualier-Romain, Speusippus, vn Prince de Tarente, & infinis autres. *Voyez vn ample traité de cette matiere, au liure que Ioannes de Terra Rubra a faict contre les Rebelles à leur Roy, in verbo meritricibus: & André Tiraquean en ses Loix connubiales, en diuers lieux: Ioannem Nider, Docterem Theologum, in tract. de mortali lepra, de luxuria 4. cap. versic fornicatio simplex.*

Pour sçauoir qui peche le plus griefuement en la fornication, ou la fille, ou la vefue: *Vide Ioannem Gaufrerium in sua 2. parte collectarii lib. 4. in cap. de Diacon. num. 1. extr. qui Cleric. vel vouentes matrim.* Lequel offence plus ou l'homme, ou la femme, *Vide Franciscum Mignon in consuetudinem Andegauens, tit. de sucession. art. 251. num. 5. Item fornicatio notoria in Clericis qualiter puniatur vide Ioannem Gaufrerium, in cap. vestra, num. 1. extr. de cohabit. Cleric. & mulierum. Et quando quis dicitur notorius fornicator, ibid. num. 3. 5. & 6. incontinentia diu latere non potest.* Et comme il n'y a rien de si vil que d'estre surmonté par la concupiscence: aussi n'y a il rien de plus glorieux de la vaincre.

Le Crime que les Iurisconsultes nomment *Stuprum*, est plus grand que la Fornication, parce qu'il contient la defloration de la vierge auparauant incorrompuë: qui est vn crime tres grand, & digne d'exemplaire punition, veu que si nous punissons asprement les larrons des choses temporelles, de quel supplice ne sera digne celuy, qui viole le plus precieux thresor de la virginité à la fille? ou qui abuse de la vefue, qui a tousiours vescu chastement, & n'a iamais outre passé les bornes de la pudicité, leur dérobant la reputation qui leur est precieuse à l'égal de la vie?

Le stupre, selon la teneur de nos Loix, est double, ou volontaire, ou forcé. Quant au volontaire, la peine est la confiscation de la moitié des biens aux personnes illustres, ou d'honneste condition; & aux personnes abiectes, le foüet, auec le bannissement ou la gallere, *§. item lex Iulia. de vi Instit de public. Iudic.* Pour le forcé, ou violant, la peine en est capitale, comme nous ferons voir en traittant le crime de rapt.

Est remarquable que le Iuge Ecclesiastique, deuant lequel se traite la question du stupre, peut contraindre le stuprateur à prendre à femme la fille qu'il aura desflorée; ou la vefue, dont il a abusé: ou de luy constituer dot selon sa qualité, si la poursuite en est faite auant que l'vn ny l'autre soit lié par mariage, *c. 1. & c. peruenit. extr. de adult. & ibi Abbas. Voyez sur ce suiet le remarquable Arrest rendu le 20. Aoust 1604. entre M. François Costureau, Sieur de la Lalle, à la poursuite de Damoiselle Françoise Gautier, & Marie de la Tuillage sa fille, rapporté par Monsieur Peleus au liure de ses Questions illustres, q. 124. auec les doctes raisons y alleguées de part & d'autre. Papon. lib. 22. tit. 9. de son Recueil d'Arrests; Que si la femme attend qu'elle soit mariée, ou celuy qui l'a desflorée,* elle est notoirement non-receuable en cette poursuitte. Celuy qui s'essaye de corrompre vne ieune fille impubere, *quæ nondum subacta ferre iuctum valet, cùm non sit matura viro,* il doit estre puny du bannissement, s'il est de mediocre cõdition, & si de la plus abjecte, du fouet, ou de la galere, *l. si quis aliquid §. nondum ff. de pœn.* Toutesfois Iacobus de Bellouiſu estime, *in sua solemni practica, tit. de lenonibus, n. 33.* que tels corrupteurs des impuberes, *non tenetur de stupro, l. Iulia. de adult. sed lege Aquil. de vulnerato, l. si quis aliquam, §. qua nondum, ff. de pœnis, l. si seruus seruum, §. si olinam, ff. ad l. Aquil. l. si stuprum ff. de iniur.*

Quant au tuteur qui abuse de sa pupille, ores que ce soit de son plein gré & consentement, il doit estre puny de mort, bien que la Loy ne le punisse que du bannissement & confiscation de tous ses biens, *l. 1. Cod. si quis eam, cuius tutor fuerit, corrupuerit,* attendu qu'il luy est donné en lieu & place de pere non seulement pour la nourrir & esleuer, mais aussi pour l'instruire, deffendre, & instituer en la crainte de Dieu, & addresse des bonnes mœurs, tenant cét acte de l'inceste, veu qu'il l'a prinse, & a esté commise en sa charge, comme fille, & non pour en abuser, *l. 2. ff. de administ. tut. & instit. eod.* & pour vn tel crime, fut par Iugement de la Seigneurie de Geneue condamné André Chuffet Vermãdois (qui s'estoit retiré en ce lieu auec enuiron vingt mille escus) comme corrupteur de l'vne des pupilles, dont il estoit tuteur, à auoir la teste tranchée, ce qui fut executé l'an 1569. Les loix n'ont voulu que la mesme peine soit infligée au vassal qui a connu charnellement la fille ou riere fille de son Seigneur; mais, ils l'ont mulcte par la perte de son fief, *C. 1. quib. mod. feud. amit.*

Si le Seigneur commet cét acte auec la fille de son vassal, le pere de la fille demeure entierement exempt & affranchy de la foy & hommage qu'il luy doit, & de toutes redeuances de son fief. Comme au contraire, le vassal en pareil crime enuers la fille de son Seigneur, perd entierement son fief, & toutes ses dependances, & est la fille creuë à son serment, qu'elle a esté deflorée. *Chassana in rubrica des Iustices, & droicts d'icelles, n. 38.*

Quand aux Mariages clandestins (comme nous auons dict au Proces Ciuil) faicts à l'insceu, ou contre le gré des parens, en la puissance desquels sont les conioincts, ils sont nuls, ores qu'il y ait enfans qui en soient procreez, comme prohibez par le Concile de Trente, session 24. & par l'Ordonnance de Blois 41. & 42. *Voyez Chenu en ses questions és chapitres 13. & 14. & Corras au docte commentaire qu'il a faict sur ce subiect.*

La seruante domestique, & la concubine enceintes, sont creuës, si elles accusent le maistre pour pere du fruict qu'elles portent, *Decius & Felin. in cap. per tuas de probat. B. ès decis. 199. Arrest du 23. Feurier 1562. rapporté par M. Chenu en l'Augment. des Arrests de Papon, liure 22. tit. 6. art. 13.*

L'ADVLTERE, §. II.

Quaritur Ægistus quare sit factus adulter,
In promptu causa est, desidiosus erat.

C'est la racine de tous malheurs, cõme nous auons dit dés l'entrée de cét œuure. Ce crime (qui n'est auiourd'huy qu'vn iouët à ceux & celles qui ont arraché les dés à leurs cõsciences, afin qu'elle ne leur remorde plus) est d'autãt plus execrable, qu'il a participation auec tous les autres plus enormes forfaicts, car de soy il est capital par les Loix diuines & humaines. Il tient du larcin, en

L'adultere à participatió auec tous les crimes, comme le larcin, l'homicide, le pariure, le sacrilege.

ce que l'adultere n'estant pas à soi-mesme, & n'ayant pas la puissance de son corps (comme veut la parole diuine) desrobe à autruy ce qui luy appartient. De l'homicide ou meurtre, en ce que par l'adultere, les deux ames des adulterans sont tuées par le peché, & à l'auanture ne reuiendront iamais à resipiscence. Du pariure, en ce que la Foy solemnellement iuree deuant Dieu, & son Eglise y est violée. Du sacrilege, en ce que les membres qui doiuent estre faits le Temple du S. Esprit, sont faicts les membres d'vne paillarde, estant selon le dire de l'Apostre, l'adultere faict vn mesme corps auec elle: car *qui adhæret meritrici vnum corpus efficitur cum meretrice.* De l'inceste en ce que l'ame espousee à

L'inceste.

Dieu par le Baptesme, qui a scellé son contract de mariage par sa mort, & l'a

La volerie.

signé de son sang precieux, est mancipee à l'orde & infame fornication des diables, par l'adultere. De la volerie, en ce qu'vn faux heritier est introduit

L'idolatrie

par le moyen de ce vice en la maison d'autruy, qui vole l'hoirie aux enfans legitimes. Bref, il tient de l'Idolatrie, en ce que l'adultere se diuertissant de Dieu à la creature, la constituë son Idole, la loge au milieu de son cœur, & luy sacrifie son ame, ses pensees, & ses vœux, sans aucune crainte des prohibitions sur ce faictes, & sans apprehension des supplices eternels, destinez par le Tout puissant pour l'expiation de ce forfaict, par lequel l'adultere separe ce que Dieu a conioinct contre son expresse deffence (*quod Deus coniunxit, homo non separet*) faisant toute l'iniure qu'il luy est possible a Dieu qui a institué ce diuin

Loüange du Mariage.

Sacrement (denotant son vnion auec l'Eglise au moyen de sa tres-sacrée Incarnation) dàs l'Eden lors qu'il y assembla le coulpe heureux de nos premiers parens, l'a approuué & honoré de sa presence, & du premier de ses miracles, conuersant parmy nous, & l'a sanctifié apres sa glorieuse Resurrection. Aussi Caton l'ancien souloit dire, *nullam esse adulteram, quæ non eadem venefica esset, cum multæ suis propriis visceribus vim afferre non dubitent, medicamentis conceptos ex adulterino partu abigentes.*

Ce n'est donc pas sans raison, que la Loy de Dieu punit ce crime du plus se-

Punition de l'adultere par la Loy de Dieu.

uere supplice qui ait esté en vsage parmy toute l'antiquité, qui est la lapida-tion. Et quant aux loix ciuiles de nos Empereurs, outre les peines qui sont cō-

Par les Loix ciuiles.

stituées pour son enormité (*tot. tit. ff. & C. ad l. Iul. de adult.*) elles l'ont eu en telle detestation, qu'il n'est aucunement permis par icelles d'en transiger, bien que

N'est permis de transiger de l'adultere

l'on puisse composer de tous autres crimes capitaux, quelques enormes qu'ils soient, hors le crime de faux, *l. Codicilis, §. marre. ff. de leg. 2. lib. transigere cum ibi not. C. de transact. l. de crimine, C. ad l. Iul. de adult.* Parce que par iceluy, l'adultere viole la Loy de Nature, la Diuine, Ciuile & Canonique. A cette occasion les

Grauité de l'adultere, Mary peut tuer l'adul-tere trouué auec sa fem-me.

Loix ont permis au mary trouuant sa femme en adultere, de tuer l'adultere impunémét. *l. marito. ff ad l. Iul. de adult. & l Gracchus, C. eod. Et ainsi apres plusieurs autres fut absous par Arrest de Paris du 10. Auril, 1603 Scipion Meneoleoti pour le meurtre par luy perpetré pour ce suiet à la personne de Ioa. Baptista Bruno Lyonnois. Pro amore pudicitiæ porrigere ferrum mariti, non est leges calcare, vel conculcare, dit Cassiodore, sed colere.*

La peine de mort, decernée par les loix ciuiles contre les adulteres, a esté

La femme verifiée adultere comme pu-nie,

adoucie auec le temps, par aucuns des Parlements de ce Royaume, pour le regard de la femme, en consideration de la fragilité de son sexe. Car apres qu'elle a esté accusee par le mary, & conuaincuë du crime, elle est ordinaire-ment condamnée à estre battuë de verges vne ou plusieurs fois, & apres re-cluse dans vn Monastere pour y viure en habit de seculiere, deux ou plusieurs années, pendant lequel temps le mary la peut retirer, si bon luy semble; & où il ne la retireroit dans le temps presiny par la sentence, elle est contrainte prendre l'habit de Religieuse, & y viure religieusement auec les autres recluses le reste de sa vie, sa dot au surplus demeurant confisquée au mary, sauf que si on luy adiuge quelque pension sur ses biens, pour l'aider à nourrir, & ainsi a esté iugé par infinis Arrests, lesquels le debonnaire Lecteur pourra voir par tout le tiltre d'*Adultere & fornication, tiltre 9. liure 22. du recueil de Papon.* Où sont adioustez ceux qu'ont recueilly Messieurs Peleus, Chenu, & Maynard, auec plusieurs singulieres remarques sur cette matiere, qui sont icy obmises pour obuier à prolixité.

Aucunesfois la Cour, s'il ne se trouue monastere qui la vueille receuoir, commuë la peine du Monastere en la prison perpetuelle, en fournissant par le mary cinq sols par iour, à la condamnée, pour viure, *& ainsi fut iugé par Arrest de Bourdeaux le 30. Septembre 1595 Voyez Maynard liure 4. chap. 2. & liure 8. chap. 11. & 12. & Ferron. ad consuetud. Burdegal §. 1. de fuyt. pour la perte de la dot, & autres aduantages à la femme adultere.* En haine & detestation de ce peché (par faute de la punition duquel Dieu enuoye tant de fleaux sur la terre) l'on a tousiours obserué que la femme ne peut instituer heritier celuy, auquel du viuant de son mory elle s'est prostituée, & a continué apres son deceds. Et ores que le testament fust en la meilleure forme du monde, ce neantmoins s'il appert d'vne simple information du faict, la prouision ne peut estre adiugée. Et s'il y a incident, où les parties soient appointees en droict sur icelle, le tout doit estre ioint au principal, *comme fut iugé par Arrest de Paris du 14. Iuin 1548. C'est le cas formel de la Loy Claudius Seleucas. ff. de his, quib. vt indign.*

Si la femme adultere condamnée, & recluse en vn Monastere, a des biens aduentitiaux, ou autres qui ne soient adiugez à son mary, & qu'elle n'ait enfans, ou prochés parens qui luy succedent en iceux, le tout doit demeurer acquis au Monastere, où elle est confinée. *Monasterium enim eo casu est loco filii, vt in Auth. de sanctiss. Episc. §. sed & hac præsenti. coll. 9. Au bent. sed hodie adultera, C. ad l. Iul. de adult. & Auth. vt nulli iudicum, § si vero quando coll. 9.* Paul de Castro *in lib. sororem, cum gloss. Cod. de his, quib. vt indign.* tient que la femme qui a vescu lubriquement pendant la vie de son mary, peut estre accusée apres le deceds d'iceluy par ses heritiers, & faire perte de ses dot & douaire, suiuant la loy *consensu, Cod. de repud. l. Lucius, l. cum mulier. ff. solut. matrim. gloss. in cap. plerumque, de donationibus inter vir & vxor.* Parce que l'offence semble autant redonder aux successeurs du deffunct, qu'à luy de son viuant, selon l'aduis de Bartole, *in l. penull. Cod. de adult.* Mais le contraire s'obserue auiourd'huy, suiuant l'opinion d'Alexandre, *in d. l. sororem. text. in cap. 2. de feu. sine culp. non amitt. ibid. domino vivente, l. rei iudicata. §. 1. ff. solut. matrim. Panormitanus in cap. plerumque, de donat. inter vix. & vxor.* & ainsi a esté iugé par deux Arrests du Parlement de Bourdeaux, Papon.

Si toutesfois il appert que le mary pendant sa vie s'en soit ressenty; & se soit plaint de la vie lasciue & mauuais deportemens de sa femme, son heritier s'en peut seruir pour exception contre elle, repetant sa dot, comme nous auons dit au premier liure du Procez Ciuil, en l'exception d'adultere. & le mesme a lieu quand il y a preuue, que *intra annum luctus peccauit vidua in onere defuncti,* & qu'il n'y a prescription de cinq ans, ores qu'elle se soit depuis remariée. *Arrest de Paris du 11. Auril 1571. Voyez le Caron liure 7. de ses*

Notes marginales :

- Cōmutation de peine à la femme adultere.
- Femme ne peut instituer heritier son adultere
- Les biens de la femme adultere nō adiugez au mary, sont acquis au Monastere, où elle est confinée.
- Anciénemēt la femme pouuoit estre accusée d'adultere apres la mort du mary.
- L'exception d'adultere est valable apres la mort du mari, s'il s'en est plaint durāt sa vie.
- La mesme exception a lieu.

La femme qui adultere pendant l'année de dueil.

responses, chap.134. & M. Rober. rerum Iudicatarum lib.1.cap.13. Campegium in tract. de dot.part.3.quæst.226.227. Boërium decis.383. Guid.Pap.singul.850. Non seulement celuy, qui comme l'adultere est punissable: mais aussi celuy, qui a favorisé les approches des deux adulterans, ores qu'il n'en aye esté le maquereau, comme s'il a presté sa maison pour l'execution de l'acte: ou l'a loüée, & pris argent pour mesme faict, *l.1.C.ad l.Iul.de adult.* Ce crime neantmoins se prescript comme l'adultere par cinq ans, qui commencent *à die contracti criminis, l. 5.C.eod.l.miles.§.adulterii,ff.eod.l.maritus.§ quinquennium,ff.eod.*

Raison par laquelle le pere, non le mary peut tuer sa fille trouvée en adultere.

Les Loix, *nec in ea, & quod ait lex.ff.ad l.Iul.de adult.* ont bien permis au pere de tuer sa fille trouvée en adultere : *Patri autem non marito filiam in adulterio deprehensam, & omnem adulterum ideo interficere permisimus, quia plerumque paterna pietas consilium pro liberis capit, mariti autem calor impetus facilè sævientis fuit refrænandus.* Mais cette raison, quoy que tres-grave, monstre bien avec les circonstances qui y sont apposées & requises, que ce vice n'estoit pas beaucoup à contre-cœur à ceux qui en ont promulgué les loix. Car en premier lieu, il faut pour la tuer impunément, qu'il les aye trouvez en l'exercice de l'acte mesme, soit au lict, ou à tout le moins *in præludiis,* comme se baisans, la main aux tetins, ou

———*in partibus illis,*
In quibus occultè spicula tingit amor.

Circonstances requises au pere pour le meurtre de sa fille adulterante.

Gloss. & Bart. in l.1.ff de extr.ordin crim.id. Bart. in d.l.quod ait lex. Sulicet. in d.l. Gracchus. Secondement, qu'il les aye trouvez adulterans en sa maison, ou en celle de son gendre, & non ailleurs, *d.l.quod ait, vers.non vbique.* Tiercement, qu'il les tuë tous deux, ne pardonnant ny à l'vn n'y à l'autre, non pas mesmes à sa fille enceinte, *l.patri.l.nec in ea.l.quod ait lex.l.si maritus. & l.marito.ff. ad leg. Iul.de adult. Bart.in l.Imperator.ff.de stat. homin. Angel. Aret. in tract. malefic. sub. gloss.in verb. Che me hai adulterato mia dona.* Quartemét, que la fille soit en la puissance du pere, ce qui se doit entendre, que *nondum sit traducta in domum viri.* Car la Cour a souvent iugé, que la fille mariée hors de la famille du pere, est tenuë pour emancipée, comme nous avons monstré par l'Arrest de Guillin, au 2.l.du Proces Civil, titre du Mariage. Et finalemét que la fille soit mariée & nõ vefue ny fille. *A.Elius loco præal.* Car en ce cas il ne luy est non plus permis de la tuer, qu'au fils celuy qu'il trouve adulterant avec sa mere, *d.l.Gracchus, & ibi Cynus.*

Le mary seul peut instituer l'accusation d'adultere côtre sa femme.

Le mary seul est receuable d'accuser sa femme du crime d'adultere (bien que la femme ne soit receuable à en accuser son mary, *lib.1.C.de adult.*) *ne quietum matrimonium turbetur, iuxta l.constante matrimonio.ff.ad leg.Iul.de adult.* & n'est permise l'accusation à autre, non pas mesmes aux gens du Roy, encores qu'elle eust esté prinse sur le faict, ainsi qu'il a esté iugé, *par Arrest de Tholoze, aux grands iours du Puy, l'an 1548, rapporté par Papon en son Recueil, l.24.tit.2. & par autre de l'an 1558. & le 21.Mars 1563. & le Mardy gras, 1575. ibidem.*

Exceptions de la reigle precedente. Le mary qui tient concubine, ou qui adultere, n'est receuable à accuser sa femme de mesme crime.

Toutesfois cette reigle reçoit diverses exceptions: car le mary est non receuable à l'accusation d'adultere contre sa femme, s'il est luy-mesme entaché de ce vice, *can. intelleximus, extra de adult. cum paria delicta mutua compensatione tollantur, aut dissoluantur, lib.viro & vxore.ff.solut.matrimon. & lib. si ambo ff. de compensationibus.* Car la femme se voyant frustrée du contentement qu'elle doit recevoir des approches de son mary, ne peut qu'elle ne conçoive vne haine mortelle, & irreconciliable contre celle qui la prive de ce bien. Que si les moyens de vengeance luy defaillent, bien souvent gouflée d'vne cho tagée ialousie, laschant la bride à l'impudicité, elle se dispense d'imiter son mary, duquel elle se croit fort à propos vengée, luy rendant le change de sa perfidie : instruite aux despens de la reputation de l'vn & de l'autre, & à l'ignominie de leur posterité, son exéple de la fraudet du deuoir qu'elle luy a deu de faire faire patt de sa couche à autruy, comme il se va impudiquement veautrant dans les couches estrangeres.

Quid sinat inausum fœminæ præcepi furor ?

Aussi prend elle cela pour legitime excuse, veu que (comme dit l'Empereur) il n'y a rien qui iette plus de desespoir en l'ame d'vne femme, que les adul teres de son mary auec les femmes impudiques, *l. consensu. & ibi Bald. & Angel. Cod. de repudiis. §. mitiores, in Authent. de nupt. l. si vxor. §. Index, ff. ad leg. Iul. de adult. Iason in leg. ex parte. §. mulier in promo notab. ff. de verb. obligat. Et idcirco Vlpiani verba huc recensere non pigebit in d. l. vxor. §. 2. Index, inquit, cri men adulterii ante oculos habere debet ; & inquirere an maritus pudicè viuens, mulieri quoque bonos moros colendi author fuerit ; Periniquum enim videtur esse vt pudi citiam vir ab vxore exigat, quam ipse non exhibeat.*

La seconde exception, est, quand le mary ou par sa negligence, ou par occasions par luy recherchées, ou par autres moyens, a occasionné l'adulte re de sa femme : ou si luy mesme en a esté le maquereau, *Can. discretionem. extr. de eo qui cognouit consang. vxoris suæ, gloss. singularis in verb mutua compen satione, in can. intelleximus. extr. de adult* Ou quand le mary sçachant la vie dé bordée de sa femme, la dissimule & passe sous silence, cinq ans entiers, (qui est la vraye prescription de crime) & en l'vn & l'autre cas est punissable. *l. 2 §. lenocinii ff. ad l. Iul. de adult. l. 2. Cod. eod. cum glossa.* Et ores que l'accusation d'a dultere ne soit permise qu'au mary, si est ce qu'aux cas sus-specifiez de dissimu lation ou conniuéce, l'accusation & la poursuite en peut estre faite par le Pro cureur du Roy aux Iustices Royales, ou par le Procureur d'office aux subal ternes, comme fut iugé par Arrest du 1. iour de Iuil. 1606. rapporté tout entier par Corbin en son plaidoyé 62. suiuant le texte de la Loy *const. ff ad. le. Iul de ad.*

La troisiéme quand la femme n'a pas commis la faute de sa pure & libre volonté, mais a esté forcée & violée, comme l'insolence effrenée des soldats a fait voir plusieurs fois, pendant la licentieuse impunité de nos guerres ci uiles, au sac & prise des villes & forteresses de ce Royaume, emportées par assauts, où les plus chastes filles, & honnorables Matrones n'ont pû euiter la fureur de leurs sacrileges mains, & de leurs impudiques efforts, *d. l. si vxor. §. si quis vers. cæterum. & l. vim. ff. ad l. Iul. de adult.*

La quatriesme, quand la femme croyant estre couchee auec son mary, & luy rendre le deuoir, est deceuë en la personne de celuy qui se suppose au lieu du mary ; comme il est souuent aduenu en voyageant au lieu, où plusieurs pér sonnes sont ensemblement logez en mesme chambre. Car le corps ne reçoit aucune pollution, si ce n'est du consentement & de l'instinct de l'esprit. A ce propos s'adapte la supposition faite par Arnaud du Thil au lieu de Martin Guerre enuers Bertrande du Rols, qui fut iugee incoulpable par le Parlemét de Tholoze, bien que du Thil eust demeuré plusieurs années auec elle, & en eust eu deux filles. Parce qu'elle l'accusa aussi-tost qu'elle eust découuert son imposture, & luy fit partie formelle iusque à la condamnation de mort & exe cution d'icelle, *Voyez le docte commentaire de Monsieur Corras (qui fut le Rapporteur du procés) sur cét Arrest, & d. l. vxor, d. vers. cæterum. arg. c. in lectum. 34. quæst. 2.*

Sen. in
Hip.

L'adultere
du mary sert
d'excuse à sa
femme impu-
dique.

Raison tres
remarqua-
ble.

Le mary qui
a occasionné
l'adultere de
sa femme
non receua-
ble d'accu-
ser.

La femme
violée est
hors l'accu-
sation d'a-
dultere.

L'orreur réd
la femme in-
coulpable.

Supposition
de nom & de
personne,
d'Arnaud du
Thil au lieu
de Martin
Guerre en-
uers Bertran
de du Rols.

La trop longue absence du mary excuse le conuolat à autres nopces.

La cinquiéme, quand par la longue obsence du mary, que la femme a vray semblablement creu mort, elle a conuolé à autres nopces, *Cap. in præsentia. & ibi duæ glossæ, vna in verbo viris, altera in verb. donec certum nuncium extra sponsal.b. & matrimon. & cap. cum per bellicam 34. quæst.*

Le mary reconcilié à la femme adultere, ne la peut plus accuser.

La sixiéme, si apres l'adultere commis, & sçeu par le mary, il a retiré sa femme en sa compagnie, & en a eu son accointance accoustumée, car lors il est exclus de la pouuoir accuser, *c. quemadmod. extra de iureiur. & c. si illa 32. quæst 4.*

La sentence d'absolution prononcée en faueur de l'adultere, sert à la femme.

La septiéme & derniere, quand iceluy qui est accusé d'auoir commis l'adultere, est absous; car en ce cas, la femme iouyt de parcille absolution, *l. denunciato §. quæritur. ff. de adulteriis.*

L'adultere n'estoit tenu pour peché en la Loy de Nature.

Que les adulteres (qui ne cherchent que des pretextes pour couurir leur impieté, comme les mouches les rongues en la face, plustost que la chair bien polie) n'apportent icy pour exemple, Abraham, Iacob, & autres en la Loy de Nature, pour le nombre des femmes qu'ils ont eu : car lors l'adultere n'estoit reconnu pour peché, d'autant qu'il n'y en auoit encor aucune prohibition. Ioint que c'estoient mysteres tres-hauts, que les Theologiens interpretent figuratifs de la Synagoge, & de l'Eglise, de la Loy de Moyse, & de celle de Grace. Mais plustost que tels sargons & bouquins eshontez se souuiennent qu'il n'y a eu nation sur terre habitable, qui n'aye eu ce crime en detestation.

Lib. 41.

Les Parthes, au rapport de Iustin, ne punissent aucun crime si griefuement que l'adultere. Les Lydiens le punissoient de mort, au dire d'Herodote.

Lib. 16. & Euseb l. 6. c. 8. de præpar. Euãg. Genesis, c. 26. Diodor. Sicut lib. 1. Biblioth. Bdl l. côstit 356. statut. Placent. l. 1. Valer. Max. l. 6. cap. 1.

Strabon dit, que les Arabes punissoient mesmes le soupçon, car quant à l'execution elle estoit punie de mort, aussi bien qu'en toute la Palestine de la lapidation. Les Ægyptiens chastioient ce vice de mille coups de foüets en l'adultere, & la femme auoit le nez couppé. L'on void par la harangue de Lysias sur le trépas d'Erastotenes, que les Atheniens les punissoient de mort. Les plaisantins & les Lombards de mesmes. Et Polybe au second liure de ses histoires, dit que celuy estoit tenu pour incoulpable qui tuoit vn adultere. Voilà les Nations qui l'ont puny de mort. Le Romains furent plus doux ou la punition de ce crime : car ils se contentoient de couper les testicules & la verge à l'adultere, comme fit Bibiennus à Carbo Actienus, & Publius Ceruius à Pontius. Ce que semble auoir remarqué Horace:

> ——— quin etiam illud
> Accidet, vt quidam testes, caudamque salacem
> Demeteret ferro.

Fest. Pomp. Aul. Gell. 1. oct. At. lib. 4. cap. 3. Liuius l. 10.

Du temps de Numa cette Loy fut promulguée, *Pellex ædem Iunonis ne tangito: si tangit, Iunoni crinibus dimissis, agnam fœminam cædito.* Ce fut de l'impost leué sur certain nombre de putains, que Quintus Fabius Gurges fit bastir le Temple de Venus. Auguste fit vne loy expresse contre les adulteres, de laquelle Horace fait mention, & contraignit Proculus à mourir pour ce suiet:

> Nullis polluitur casta domus stupris,
> Mos & lex maculosum edomuit nefas.

Domitian de son temps renouuella la peine indicte par la Loy Iulia, abolie par son vsage. Sur quoy Iuuenal:

> Qualis erat nuper tragico pollutus adulter
> Concubitu, qui tunc leges renouauit amaras,
> Omnibus, atque ipsi Veneri, Martique timendas.

Flauius Vopisc.

L'Empereur Aurelian faisoit pendre les adulteres, voire les soldats de son
armée,

armee, qui estoient conuaincus tels. Et le grand Constantin les faisoit deca-
piter, comme sacrileges des nopces d'autruy, *l. quamuis adulterii C. ad leg. Iul.
de adul.* Ce qui estoit encor obserué du temps de sainct Hierosme, comme il
dit *epist. Innocentium, de muliere septies iÉta.*

Nos parlemens, & toutes les Iustices Royales de ce Royaume, punissent *Bigame.*
de mort le Bigame, qui a espousé deux femmes viuantes pour l'adultere qui
resulte du second mariage: bien qu'anciennement ils ne fussent mis qu'au Pi-
lory, ou au Carcan: auec deux quenoüilles : & de ce y a plusieurs Arrests.

L'Ordonnance de Zeleuque entre les Locrenses, qui portoit condamnation de la priuation de la veuë, ou arrachement des yeux à l'adultere, & laquelle il fit pour le delict de son fils executer en sa personne, & en celle de
son fils, deuroit faire rougir de honte tant de millions d'hommes, qui s'hon-
norans du tiltre de Chrestiens, sont neantmoins despourueus de la vertueuse
resolution des miserables Payens, viuants pour le regard de ce vice, plus
brutalement, qu'aucunes bestes, comme la Colombe & Tourterelle ; & sans
considerer, que ceste infame brutalité leue entierement la renommée à ceux
qui le suiuent, veu qu'il n'y a bruit de si mauuaise odeur, ny plus puant que
celuy là.

Elle espuise tous les moyens de ces Sardanapales, moissonne la plus floris- *Effects mise-*
sante verdeur de leurs ieunes ans esteint les forces & la beauté du corps : ac- *rables de la*
cable la santé, engendre mille deshonnestes maladies, ameine auant le temps *paillardise.*
vne miserable vieillesse, qui est le vray esgoust des debauches passées. Elle
habete la viuacité de l'entendement, esteint la vigueur de l'esprit, remplit les
sens d'vne ame bestiale, les retire des honnestes occupations, pour les tellement plonger dans le bourbier, qu'ils ne peuuent penser ny ruminer autre
chose que sale vilenie. Bref elle leur produit les mesmes effects que les
Gorgones des Poëtes, empierrant les cœurs de ceux qui les regardent: ou que
les Syrenes, faisans faire vn triste n'aufrage à ceux qui escoutent son chant.
Et n'y a que les vertueux Persées, ou les sages Vlysses, qui bouchét leurs oreilles pour ne point ouyr sa voix, qui puissent euiter ses trauerses. Aussi n'est-ce
pas aux Lycées, aux Academies, ny parmy les hommes studieux, que Venus a
esté de tout temps adorée & cherie: ains en Paphos, en Cypre, en Amatôthe, &
aux lieux delicieux, où l'abondance des vins & la delicatesse des viandes auec
les fards, parfums, & odeurs, donnent du contentement à ses suppofts.

LE RAPT. §. III.

L E diable tenant en sa pleine possession l'adultere, le pousse bien souuent *Definition*
en ce mal-heureux & detestable crime, qui comprend sous vn mesme *du rapt*
nom ces deux especes. La premiere desquelles, est le rapt, commis par celuy *Diuision de*
qui est eschauffé de l'infame & bruslante paillardise, en la personne de la *ce crime,*
vierge femme mariée, ou Nonain, ou vefue viuant hônestement, laquelle par
force & violence il comprime, & cognoist charnellement: L'autre, lors qu'il
rauit & enleue de son habitation ordinaire la femme, ou fille qu'il affection-
ne, la soustrayant à ses parens, Tuteurs, ou Curateurs: crime tousiours puny
du denier supplice, & confiscation de biens, *l. vnic. C. de rapt. virgin. l. raptores
virginum. & l. si quis non dicam rapere. C. de Episc. & Cler.*

Nous auons dit viuant honneſtement, d'autant que la putain publique ne peut former ceſte plainte, comme la femme d'honneur, au ſerment de laquelle on s'arreſte, lors qu'elle ſe plaint d'auoir eſté rauie: & y eſt plaine foy adiou-ſtée, ſi le rapt a eſté faict en lieu, où elle n'a peu eſtre ouye aux cris qu'elle a fait pendant iceluy. Car comme l'on croit la fille qui a eſté deflorée, qu'elle eſtoit auparauant pucelle; de meſme eſt receuë la femme d'honneur, affirmāt le rapt luy auoir eſté fait, *Bal. in c. 1 §. iniur. de Apoſt Car. in 1. cap. extr. de adult.*

Mais les putains deshontées, qui ſe proſtituent à vn chacun, ne peuuēt eſtre creuës. *Decius. in l. imitu. ff. de reg. iur. nec dignæ ſunt legum laqueis innodari , l. qi adulterium ad fin. C. ad leg. Iul. de adult.* Sinon qu'elles reuinſſent à reſipiſ-cence, & fuſſent mariées ou enttées en Religion, auquel cas ce crime com-mis en leurs perſonnes ne demeuteroit impuny. *Cyn. & Bald. in d. l. vnic. Coā. de rapt. virg.* Car la Loy ne regarde pas la vie paſſée: mais celle qui meine la femme lors de ſon rauiſſement.

Tous ceux qui ont aſſiſté le rauiſſeur, luy preſtans aide , pour fauoriſer ſon malheureux deſſein, ſont en pareille coulpe que celuy, puniſſables de meſme peine de mort, *d. l. vnic. §. pœnas autem, & d. l. raptores virginum.* Et ne peut le rauiſſeur euiter la peine meritée par ſon forfaict, ores que la femme ou fille rauie & enleuée, die en apres que le tout s'eſt paſſé de ſon conſentement: d'autant que non ſeulement vn particulier eſt offencé par celuy qui commet ce crime; mais auſſi le Prince, ou le fiſc, & la Iuſtice, qui ne peuuent eſtre ſa-tisfaict par telle declaration. *Et ainſi a eſté iugé par Arreſt de la Tournelle à Pa-ris à la ſainct Martin 1580. rapporté par Papon:* Ayant eu la Loy ce crime en telle horreur, qu'elle a eſtimé digne de banniſſement les pere ou ayeul , qui n'en pourſuiuent la punition, quand il eſt commis en leurs filles, ou riere fil-les, *d. l. vnic. §. & ſi quidem, verſ. niſi enim.*

Au ſurplus le rapt eſt tellement crime commun, qu'il n'eſt ſeulement de la cognoiſſance du Iuge Royal, mais auſſi peut la queſtion d'iceluy eſtre trai-ctée pardeuant tous Iuges, comme de Luc rapporte auoir eſté iugé par *Ar-reſt du 15 Feurier 1549. lib. placit. 12. tit. 7. ar. 3.* Et ores que la fille rauie demeure ſans coulpe & ſans peine, voire ſoit reputee n'auoir perdu ſa virginité, *l. 20. C. ad leg. Iul. de adult.* Ce neantmoins elle ne peut cōme vierge entrer en vn Mo-naſtere & y faire profeſſion, ny en telle qualité eſtre cōſacrée à Dieu, *c. Iuuen-culas; & ibi Canoniſtæ. 16. q. 1. D. Thom. 4. Senten. diſt. 37. q 1. C. propoſita. 32. qu. 2.*

Les Eccleſiaſtiques deuroient s'attribuer la cognoiſſance de ce crime, à cauſe de la queſtion du mariage , qui ſouuent y eſt conioincte: mais ſur vne docte plaidoirie de monſieur de Marillac, du 17. Feurier 1544. rapporté par de Luc, *lib. & tit. præalleg. art. 1.* la diſtinction en fut iugée telle, que ſi le rapt

eſt qualifié & verifié, & par conſequent iugé digne de mort, le Iuge Eccleſia-ſtique n'en peut cognoiſtre ſans abuſer. Mais ouy bien du rapt ſubiect à ſim-ple amende pecuniaire, *Notandum interea* , que la queſtion de rapt doit eſtre premier traictée que la nullité du mariage; *Arreſt du 11 Auril 1578. & aupa-rauant du 19. Iuillet 1577. en la Tournelle. Voyez les deciſions de Monſieur le Preſident le Maiſtre des appellations comme d'abus, chap. 3. & Choppin. lib. 3. de ſacr. polit. tit. 7. n. 30. la queſtion 12. de M. Chenu & l'Arreſt rendu contre le ſieur de la Taille Couſſereau,* cy-deuant allegué, aux plaidoiries duquel ceſte queſtion eſt amplement traictée.

Celuy qui s'eſt efforcé de rauir vn fille impubere & non nubile , eſt pu-niſſable de la peine de ce crime; *affectus enim tanquam effectus inſpicitur. Faber*

in §.item lex Iulia.Inſtit.de public.iud.Guid.Pap.quæſt.555. La fille qui eſt ſeque-
ſtrée par Ordonnance de Iuſtice en quelque lieu exprés deſtiné pour y demeurer ſous la main du Roy, ne peut eſtre fiancée, ores que ce fuſt de ſon exprés conſentement, ſans delinquer. *Arreſt de Paris de l'an 1567. prononcé aux
Arreſts de la Feſte Dieu. Papon.* Et celle qui s'eſt mariée ſans exprés conſente
ment du pere, ores qu'il l'aye receuë en la maiſon, & qu'il ſemble par la tai-
ſiblement auoir approuué & couuert le rapt ; ce neantmoins elle demeure
excluſe de luy pouuoir iamais demander dot , comme fut iugé *par Arreſt de
Paris du 1.d'Auril.1555.*

Le pere n'eſt tenu doter la fille qui s'eſt mariée à ſon inſceu ou contre ſon gré.

Le Rapt peut eſtre commis par le fiancé en la perſonne de ſa fiancée,
ſoit que pendant leurs fiançailles il en veüille iouyr par force, ou qu'à l'imitation d'aucuns ſoldats (qui pendant le cours des guerres ciuiles, cōmandās en
lieux forts & aduantageux, y ont par force amené des filles) ils leur promet-
tent Mariage, pour couurir la force par eux commiſe; car le rapt ne laiſſe de
demeurer nonobſtant telles promeſſes, *d.l.vnic.in princ.ibi qui ſponſam ſuam per
vim rapere auſus fuerit. Cod.de rapt.virg. Arreſt de Paris confirmatif d'vne ſentence
du Bailly de Foreſt du 18.Nouembre 1556.*

Rapt commis par le fiancé à ſa fiancée.

Le Rapt peut auſſi bien eſtre commis d'vn ieune homme, fils de famille, que
d'vne fille, lors principalement qu'eſtant abſent de la preſence de ſes parens,
il eſt induit à leur inſçeu, ou de ſes Curateurs de contracter clandeſtinement
Mariage auec quelque fille ou femme que ce ſoit, ſous les appaſts de quelque
beauté apparente, & ſous les amorces de ſes attraicts, *Ioan. in gloſ.d.l.vnic. C. de
rapt.virg.* Et ainſi a eſté iugé par deux diuers Arreſts de Paris, *l'vn du 3. May
1575. Papon. L'autre du dernier Aouſt 1602.en la Chambre de l'Edict* , où le pere
pourſuiuit le rapt de ſon fils Secretaire du Roy, contre vne nommé Flée, par
leſquels Arreſts , les Mariages ainſi clandeſtinement contractez, ont eſté declarez nuls, outre le banniſſement des couratiers, amendes contre eux adiu-
gées, interdiction du Preſtre, & ſuſpenſion du Notaire. *Vide Tiraquellum lib. de
legib.connubial.& iur.marit.charta 76.n.84 vbi eſt catalog.mulierum raptricium:&
Chenu en ſa quæſt.13.* Le rapt toutefois ne peut eſtre dit commis d'vn fils âgé de
trente ans, ou d'vne fille de pareil âge, quoy que mariée à l'inſçeu de ſes parês
comme a eſté iugé par deux diuers Arreſts rapportez par Peleus liu.5.act.43.

Le rapt peut auſſi bien eſtre faict d'vn fils de famille, que d'vne fille.

La mere ſeule ne peut marier ſa fille, ſans le conſentement & aſſiſtance du
Tuteur, & des plus proches parens, leſquels s'ils ne peuuent s'accorder ſur ce,
doiuent s'aſſembler par deuant le Iuge du lieu, pour donner leur aduis ſur le
Mariage, *l.3.ff.de adminſt.tut.l.in copulandis, l.vidua & l.in coniunctione.C.de nupt.
Ord.de Blois, Arreſt des grands iours de Troye;5.Octobre 1583. M. Chenu queſtion 12.*

La mere ſeule ne peut marier ſa fille ſans l'aſſiſtance des autres parens.

L'inſtance du rapt ſe peut intenter, non ſeulement par celuy , ou celle qui
ſont rauis: mais auſſi par les pere & mere d'iceux ; c'eſt ce qui s'appelle *raptus
in parentes, d.l.vnic.§.ſi quidem.c.lex.36.quæſt.1.* Et eſt le rapt puniſſable, meſmes
apres la mort de la perſonne rauie, en celle du rauiſſeur ; comme fut iugé *par
Arreſt de Paris du 21.Ianuier 1583.*

Par qui l'inſtance de rapt peut eſtre pourſuiuie.

Ores qu'en France, recremination n'aye point de lieu , ce neantmoins par
Arreſt du 7.Ianuier, 1606.la Cour l'a iugé auoit lieu, au rapt entre deux peres
contendans, l'vn pour le rapt de ſa fille, l'autre pour celuy de ſon fils.

R r 2

L'INCESTE, §. IV.

ENtre tous les damnables excez de l'execrable paillardise, la fornication
ny l'adultere, quoy que detestables pour les raisons sus alleguées, ne sont
neantmoins si enormes que l'inceste; qui est la cognoissance charnelle, que le
miserable ruffien, poussé d'vne fureur brutale, à auec sa proche parente; comme sa mere, ou celle qui luy est au lieu de mere, sa fille, ou bru, sa sœur, sa tante, sa niepce, sa riere fille, ou sa cousine germaine; ou auec des vierges voüées à
Dieu par le veu de religion, *violando thorum Christi, c. lex illa. 24. quæst. 1. glossa
notabilis, in virginibus. 27. q. 1.* ou des personnes qui luy sont liées par cognation
spirituelle au Baptesme, comme la commere filleule, &c. *si quis cum matre. 22 q.*
2. & ce pour diuerses considerations. La 1. que nous deuons naturellement
plus d'honneur & de respect à nostre sang; puis que l'Empereur veut, que *af-
finitatis veneratione à quarundam nuptiis abstineamus.* La 2. pour l'ordinaire han-
tise & conuersation que nous auons ordinairement auec nos proches. La 3.
que si telles conionctions estoient permises, ce seroit retrancher le moyen des
alliances & amitiez que nous prenons auec les estrangers. La 4. que si l'affection du sang & parentage, qui est naturellement grande, estoit ioincte auec
celle du Mariage, elle entreroit en trop grand excez d'amour: repugnant à la
vraye chasteté, qui doit estre entre les conioincts par ce lien, comme a voulu
le Docteur S. Thomas, *Secunda Secundæ, quæst. 154. art. 1.*

La peine de ce malheureux crime a tousiours esté de la mort de l'vn & de
l'autre des incestueux, mais bien plus ignominieuse que l'adultere; & ce d'autant plus griefue, que ledit crime est commis auec personne plus conioincte,
à fin que l'exemple en soit plus remarquable, *l. si adulterium cum incestu. & ibi
Bart. Angel, & Alberic. ff. ad leg. Iul. de adult. Iacob de Bellouisu, in sua praxi. tit de
lenonibus. c. 1. & c. ex litteris. extr. de eo qui cognouit consang. vxor. sua.* Et ainsi a
esté iugé par Arrest de Paris, & executé puis deux ans en çà aux personnes du
frere & de la sœur conuaincus d'inceste, que l'honneur de leur famille ne me
permet de nommer. Non seulement l'inceste se commet en la personne de la
Religieuse voüée à Dieu, mais de celles qui sont encloses dans le mesme Monastere soient les sœurs conuerses, ou autres; bien qu'elles n'ayent fait aucune profession tacite ny expresse, *Iuxta decisionem dominorum de Rota. decis. 177. de
regularibus. Matthæus de afflict. in constit. si quis rapere. 2. nos. in §. quæst.* L'injure
de cét enorme crime ne redonde pas seulement à la religieuse & à ses parens
mais aussi à l'honneur de Dieu Tout-puissant, auquel sa virginité estoit voüée
laquelle vne fois perduë est irreparable, *D. Hieronimus in c. si Paulus 32. quæst.
5. Audacter dicam, cùm omnia possit Deus, suscitare virginem non potest post la-
sum,* Et Ouide;

> ______ *Nulla reparabilis arte*
> *Læsa pudicitia est, si perit illa semel.*

Par l'expresse disposition de l'Authentique; *incestas nuptias, Cod. de incest.
nupt.* les biens de ceux qui contractent Nopces incestueuses, sont confisquez.
A quoy est semblable la Loy, *si contra eodem,* & suiuant ce M. Boyer, *decis. 264.
num. 15. ibi, tamen per curiam,* dit auoir esté iugé par Arrest de Bourdeaux, qu'il
rapporte sans datte.

Nos Docteurs ont tenu, que *Cestus* estoit vne ceinture de Venus, qui se donnoit aux conioincts par legitime Mariage, laquelle estoit desniée à ceux qui ne se couploient legitimement, *qui incestuosi dicebantur, quasi sine cestu autoҫana Venera. Vide tractatum Pauli Grillandi, & l. si quis viduam ff. de quaest. Si adulterium (inquit Papianus) cum incestu commitatur, vt puta cum priuigna, naru, nouerca, muliere, similiter quoque punietur : id enim remoto etiam adulterio eneuiret, d. l. & §. stuprum, & d. Authent. de incest. & nefar. nup. coll. 2.*

LA SODOMIE EST PECHE' CONTRE NATVRE.
§. V.

SI les estranges fleaux de l'Empereur souuerain de ce grand Vniuers a par diuerses fois enuoyez sur la terre, pour punition de cét execrable crime, ne faisoient assez voir aux yeux de tout le monde , combien il est abominable deuant sa diuine Maiesté , qui atteste qu'il crie vengeance deuant son throsne; ie m'essayeroy de vous en dire quelque chose (debonnaires lecteurs) mais vous l'auez assez en execration, iettans les yeux de l'ame sur le cataclysme ou inondation vniuerselle du monde, & sur l'embrasement des Sodomites Gomorrehens, & leurs voisins qu'il occasionna : & considerans que la plus saine partie des plus speculatifs Docteurs Theologiens asseurent ; que pour telles iniquitez, Dieu enuoye sur la terre, les pestes, guerres, famines & autres fleaux, desquels son courroux iustement allumé contre la brutalité des hommes atteints de ce crime, chastie les Prouinces qui en sont infectées. Et à la verité il est iustement appellé peché contre nature, veu que les autres iniquitez, comme la fornication, l'adultere, le rapt, sont aucunement selon nature ou poussees de l'instinct naturel (bien que contre la raison :) mais cestui-cy foulant aux pieds les Loix de nature , sortant furieusement hors les bornes d'icelle, il l'oppugne, la confond, & la viole entierement.

Ce qui pousse ces malheureux (qu'Eusebe ne pouuant trouuer nom assez graue pour infamer , appelle Parricides diaboliques) à l'execution d'vne si detestable & orde vilenie, n'est autre que le Diable, qui se voyant banny du ciel, & que l'homme creé pour la gloire de Dieu en sera possesseur, s'il vit selon les regles, qui luy ont esté prescriptes par l'Eternel , pour empescher ses supposts d'y entrer, & pour aneantir, en tant qu'il peut, la propagation des humains, & empescher la generation qui doit vn iour remplir les sieges celestes , n'a trouué meilleur expediant, que de souffler dans l'ame de ceux qu'il tient desia liez par autres vices mortels, de se donner à ce damnable & impie exercice, auquel, s'il pouuoit, il retireroit toute la race des hommes, pour l'auoir bien-tost esteinte : employant pour cét effect toute l'astuce de ses pernicieuses inuentions, à y enflammer le plus qu'il peut.

Le nom qui luy a esté donné de Sodomie , a esté tiré de la miraculeuse punition des Sodomites, lors que Dieu pour cét execrable forfaict, abysma dãs les entrailles de la terre, les villes de Sodome, Gomorrhe, Seboin, Segor, & Oleale. Nous l'appellons bougrerie, à l'imitation des Italiens, qui ont nommé ceux qui en sont atteints. *Buzerroni*, quasi *buze erroni* : & de faict, lors que l'on execute quelqu'vn à mort en Italie, s'ils sont interrogez pour quelle cause se fait l'execution, leur commune response, est que *ba errate il buzo*, qui signifie tros, en leur langage.

Ce crime se commet en trois diuerses sortes toutes differentes. Sçauoir, ou *Diuision de* quand l'homme se corrompt & contamine soy-mesme sciemment (& non *la sodomie.* quand en songe.

> *Nocturnam maculat vestem, ventrémque supinum*)

Ou quand il exerce Sodomie auec autre homme, ou auec la femme *relicto naturali vsu:* ou auec les bestes brutes.

Punition deue à ce luy qui se corrompt.
Quand à la premiere, il n'y a point de doute que ce ne soit espece de Sodomie: l'Apostre l'appelle Mollesse: les Latins *Mastuprationem aut Masturbationem,* chose vilaine & odieuse. Quand ce crime est descouuert (ce qui aduient rarement, parce qu'il est executé en secret) il doit estre puny du bannissemēt, ou de grandes amandes. Que si bien les miserables qui s'y delectent euitent icy la iustice des hommes, ils ne pourront fuyr celle de Dieu.

Bougrerie.
La seconde sorte est veritablement des *buzeroni* des Italiens, lors que ce mal heureux acte est executé de masle à masle, ou de masle à femelle, contre l'vsage naturel, ou de deux femmes se corrompans l'vne l'autre. Cette furieuse brutalité est detestée par l'Apostre, au premier chapitre de l'Epistre aux Romains, où il l'appelle Cupidité ignominieuse: *Num fœmina illorum (inquit) immutauerunt naturalem vsum in eum vsum, qui est contra naturam. Similiter autem & masculi, relicto naturali vsu fœminæ exarserunt in desideriis suis ad inuicem, alius in alium, masculus in masculos, turpitudinem seu fœditatem operantes, & perpetrantes, & præmium erroris sui in semetipsos recipientes.* Lucian quoy que meschant & malheureux athée, a detesté ce crime comme execrable.

Sodomie tousiours punie du feu.
Tite Liue, le plus grand de tous les Historiens Romains, aux Remarques du 8. liure de son histoire, discourant sur la force que Lucius Papirius voulut faire à C. Publius son debiteur, & de Fabricius à l'vn des soldats de Marius, il exaggere merueilleusement la detestation de ce vice qui doit tousiours estre puny de feu, ne pouuant estre excogité supplice assez cruel pour l'expiation d'vn si detestable malefice; à fin de donner par ce moyen terreur aux delinquants. *Vide in Auth.*

Punitions des Sodomites en la Loy de Dieu.
vt non luxur. contra naturam, coll. 6. lib. cum vir nubit en fœminam. C ad lib. Iul. de adult. où l'Empereur veut *leges armari, iura insurgere gladio vltore, c. 20 Qui dormierit cum masculo coitu fœmineo, vterque operatus est nefas, morte moriatur : sit sanguis eorum super eos. Paul. I. ad Cor. c. 6. Masculorum concubitores regnum Dei non possidebunt, cap. adulterii, 32 quæst. 7.* & doiuent tant l'agent que le patient estre punis de mesme genre de mort ; comme a remarqué Harmenopulus *in promptuario iuris ciuilis, lib. 6.* Sinon que le patient fust moindre de douze ans ; car lors le deffaut de l'aage l'exime de la peine meritée, qui doit estre le feu, *Val. Theod. & Accad. in l. omnes in C. Theodos. de adult.*

La 3. espece, est la damnable & brutale cohabitation de l'homme ou de la femme auec la beste brute, prohibée par la Loy de Dieu au Leuit. 18. chap. *Cum omni pecore non coibis, nec maculaberis cum eo. Mulier non succumbet iumento, nec commiscebitur ei.* Et au 20. chap. il commande que l'animal & le Sodomite soiēt tuez & bruslez ensemble; le mesme est en l'Exode 12. chap. *mulier, quæ accesserit*
Par les Loix Canoniques.
ad omne pecus 15. quæ I. Et ainsi a esté iugé par deux diuers Arrests. *le premier de Bourdeaux du 23. Nouembre, 1528. rapporté par Papon: le second de Paris du 15. Decembre, 1601.* contre Claudine de Culam natifue de Rozay en Brie, accusee & cōuaincuë d'auoir commis cette brutalité auec vn chien, fut penduë, estrāglée, & apres bruslée auec le chien. Cét Arrest est rapporté par M. Chenu. Et l'année passée 1609. par Arrest du Parlement de Dombes fut executé en la

ville de Treüols contre vn villageois conuaincu de l'accointance d'vne vache.

L'on pourroit s'estonner de ce que la Loy de Dieu, les loix Canoniques, & les Cours souueraines, condamnent l'animal à mourir, veu que n'ayant aucune esl ction de libre volonté, il ne commet de son costé aucune offence: mais à cela, la responce est: Que ces animaux ne font pas punis pour leur faute, mais pour auoir esté instrumens d'vn si execrable malheur, pour raison dequoy la vie est ostée à la personne raisonnable : estant chose indigne du conspect des hommes, apres vne si signalée meschanceté : & parce que l'animal iroit tousiours rafraichissant la memoire de l'acte, qu'il faut supprimer & abolir le plus qu'il est possible. C'est pourquoy le plus souuent les Cours souueraines ordonnent, que les procés de tels delinquäs soient bruslez auec eux, afin d'en esteindre du tout la memoire. Au surplus en tel acte, non seulement l'execution du crime est punie, mais aussi l'effort & attentat d'y paruenir: comme apert par le premier des deux Arrests sus alleguez, où le delinquant fut surpris auant executer son intention : *& sic punitur voluntas coinquinata, pro effectu : & delictum attentatum, pre delicto consummato vt l. si quis non dicam. & ibi. DD.C. de Episc. & Cler. l. 1. § fin. de extr. crim. c. Clericorum. de vit. & honest. Cleric. & c. Clerici. de excess. Præla.*

Pourquoy l'animal, quoyqu'irraisonnable est puny de mort en ce crime.

L'attentat est reputé pour l'effect en la Sodomie.

Quant aux femmes qui se corrompent l'vn l'autre, que les anciens nommoient Tribades (au rang desquelles sont mises Sapho, & Bassa, de laquelle Martial, *lib. 1. Quod nunquam maribus iunctam te Bassa, viderim, &c.* & Philenis, que Tertulian appelle *frictrices*) il n'y a point de doute, qu'elles ne commettent entre elles espece de Sodomie : *l. fœdissimam. & ibi gloss. & Salicet. C. ad leg. Iul. de adult. argum. d. l. cum vir nubit in fœminam. & ibi Cynus, Alber. de rosat. allegat textum cum glos. in Authent de non aligend. secund. nupt. §. cum igitur. collat. I. in verbo. luxurientur.* Et est ce crime digne de mort, comme remarque M. Boyer *en ses dicisions, qu. 316 in 2. parte.*

Femmes se corrompans l'vne l'autre commettent Sodomie.

Certainement ce crime en ses especes sus narrées, est tellement detestable, que nos loix n'en ont ose parler que couuertement, sans curieusement expliquer toutes ses circonstances, estimans les Empereurs & Iurisconsultes estre assez, qu'ils puissent imprimer en l'ame des Iuges, combien il est horrible, & combien grande en doit estre la punition. De mesmes voyons nous que les sacrez Decrets, & le Droict des Pontifes, appellent les Sodomites, Enfans de deffiance, & du salut desquels l'on se doit deffier, *c. Clerici de excess. Prelat. & ibi gloss. cap. Deus omnipotens, 2. q. 1 c. flagitia, 32. qu. 7 ca. sed de pœnitentia. dist. 1. & le droict ciuil. in d. Authent. vt non luxurienter contra natur. l. 1. §. remouet. ff. de postul.* qui l'ont, bien que Payens, estimé digne de mort.

Sodomites enfans de deffiance & pourquoy,

Et ne faut trouuer estrange, que l'Apostre en aye si ouuertement parlé aux Romains, où il descrit ce vice apertement : car comme l'on traicte les vices plus couuertement, & en paroles plus obscures, en presence des ieunes gens, qui ne les ont iamais practiquez, que deuant ceux que l'on veut destourner de tels maleficcs : de mesme l'Apostre, qui en auoit par tout ailleurs couuertement parlé, traictant auec les Romains, qui en estoient lors merueilleusement entachez, il leur en descouure entierement la turpitude, afin que par la compunction de tel vice, leur conscience touchée au vif, leur fist recognoistre le miserable estat, où ce malheur les auoit plongez.

Pourquoy l'Apostre descrit apertement ce crime escriuant aux Romains. Celuy qui a accointance auec les femmes infideles est punissable comme Sodomite.

La punition ne doit pas estre moindre de ceux qui ont accointance charnelle auec les Iuifues, Turques, Payennes, & autres Infideles, que ceux qui commettent Sodomie : veu la haine estrange que telles gens ont à la Religion Chrestienne, & qu'ils sont par nous reputez comme bestes, non pour l'vsage de raison, mais pour estre hors la voye de salut, *l. ne quis Christianus. C. de Iudæis. c. quando. & ibi Abbas Siculus. & Cardin. Alex. de dinor. text. in cap. cane. Christiane 28. q. 1. c. si quis Iudaicè. ead. causa & quæst.*

L'homme qui a accointance auec le corps d'vne féme morte est digne de mort.

Et le mesme doit estre entendu de celuy, qui poussé d'vne effrenée & diabolique volonté, a accointance auec le corps d'vne femme morte qui n'est pas moins punissable que celuy, *qui corporis alterius violator esset iuxt. l. fin C. de sepulchr. violat. ibi si corpora ipsa extraxerint. vel ossa eruerint, l. sepulchri. ibi corporibus non contrectatis, ff. eod. Boër. qu. 316. part. 2.*

Les sorciers ou magiciés qui ont compagnie des diables punissables de feu.

Quant à celuy qui a accointance auec les diables succubes, ou la femme qui se suppose aux incubes, ils sont dignes du feu, veu que c'est vn crime de leze Maiesté diuine, par le moyen du sortilege, comme nous ferons voir sur la fin de ce liure. *Vide D. Augustinum lib. 3. de Trinitate. & 21. de ciuitate Dei, & S. Thoman in tractatu. qq. in 1 part. tit. de miraculis. q. 8. Paul. Grilland. tractatu singulari de sortilegiis. Ioannem Bodinum in Dæmonomania, & Martinum del Rio, Disquisitionum Magicarum lib. 5.*

Le larcin fils aisné de la pauureté, engendrée de la paillardise, est, ou

1 Simple, comme
- Aux Couppeurs de bources.
- Larrons ordinaires, qui soustrayent & emportent le bien d'autruy.

ou composé
- Quand desrobant interuient meurtre.
- Ioinct ou au blaspheme, ou au sacrilege.
- Faict par seruiteurs domestiques.
- En vn incendie, ou apres le naufrage.
- *Per nautas, caupones, stabularios.*

- Manifeste.
- Non manifeste.

2 En l'explication d'hoirie faicte.
- Par la femme
  - Qui la priue des ses auantages.
  - &
  - Du benefice de la renonciation à la communauté.
- Par l'estranger qui est puny seuerement.

3 En sacrilege prenant
- La chose sacrée en lieu sacré.
- La chose sacrée en lieu non sacré.
- La chose profane en lieu sacré.

4 *In abigeata*
- *Nocturno, aut*
- *Diurno.*

5 Au peculat
- Aux finances.
- ou
- E nla monnoye.

6 Concussion, prenant
- Or, argent, vaisselle, l'inge.
- En achapt, loüages, fermes.

7 Plage meslé
- Auec le faux,
- L'Adultere, &c.

Le

LE LARCIN   §. I.

L'Ombre ne fuit pas ſi viſiblement le corps expoſé aux eclairans rayons du Soleil, pendant la ſerenité d'vn beau iour, que la pauureté ſuit & talonne de prés la paillardiſe, & les abominables exercices de telles miſerables pollutions, qui tachent le corps & l'ame d'vne marque ineffaçable. Auſſi n'eſt il pas raiſonnable, que tels Sardanapales, qui changent plus ſouuent de laſciues affections que de chemiſe, & qui conſomment, contre les expreſſes prohibitions de la Loy de Dieu, la plus floriſſante verdeur de leur âge, à ſe veautrer impudiquement dans les couches d'autruy, ſauourent les agreables fruicts des benedictions celeſtes. C'eſt pourquoy quand ils ont (comme dit l'Apoſtre) ſaoulé leurs lubriques affections des fruicts de leurs ſales cupiditez. *tradit illos Deus in reprobum ſenſum*, ſi que ſe precipitans par l'eſcalier infernal, ils rencontrent d'abord vne extreme pauureté d'ame & de corps, Celle de l'ame paroit en ce qu'ils ſont deſnuez de la grace du Tout puiſſant, & comme les corps nuds ſont expoſez à toutes les inclemences du Ciel, ainſi le ſont ils à celles des Demons & eſprits Tartariques. Mais quant à la pauureté corporelle, qui eſt des appanages, & de la ſuite ordinaire de la lubricité, le premier effect qu'elle produit en eux, eſt le larcin, pour les exempter de la miſerable caymanderie, apres auoir, comme le prodigue Euangelique, malheureuſement conſommé la ſubſtance de leurs corps, celle de l'ame, & de leurs biens de fortune : eſtant le dernier & plus aſſeuré havre, où telles gens s'encrent, au milieu de la tourmente qui les agite.

Le larcin, donc ſelon ſa definition que luy donnent l'Empereur, & les Iuriſconſultes, *eſt contrectatio fraudulenta rei alienæ inuito, aut inſcio eius rei domino, l. 1. ff. de furt. §. furtum. Inſtit. de oblig.quæ ex delict.naſcunt.* Non que tout attouchement du bien d'autruy ſoit larcin : mais celuy ſeulement qui ſe fait auec intention de dérober, *d.l.1.verſ.ſola cogitatio.* Et faut que telle contrectation ſoit fraudulente : parce que celuy qui priuément prend & emporte ce qui appartient à ſon amy, en intention de le luy rendre, non de le derober, ny retentir, ne peut eſtre attaint de crime : *§.quia autem. Inſt. de vi bonor. rapt.* & faut que ce ſoit du bien d'autruy : parce que *rei propriæ furtum committere nemo poteſt.* Sinon qu'il derobaſt la choſe, qui luy eſt commune auec vn, ou pluſieurs autres, *l. ſi ſocius. ff. de fur.* Ou s'il dérobe la choſe par luy donnée en gage. Faut auſſi que la choſe dérobée ſoit mobiliaire, parce que l'immeuble ne ſe peut emporter : *§. quæ autem.inſtit.de vſucap.* Si bien que celuy qui enleue les gazons du pré de ſon voiſin, quantité de la terre furtiuement, & contre ſa volonté, ne laiſſe pas de commettre larcin, pour raiſon de ce qu'il emporte : *l. ſi certè.ff. de furtis.* Que ce ſoit choſe corporelle & viſible, parce que les choſes incorporelles ne ſe peuuent voir, toucher, ny tranſporter : *l. ſeruus §.incorporales.ff. de acqui.rerum domin.* En encores outre la definition, le larcin ſe peut commettre de l'vſage ou poſſeſſion de la choſe engagée, ou depoſée : parce que le creancier qui vſe & ſe ſert de la choſe à luy donnée en gage, & le depoſitaire de la choſe qu'il a en depoſt, l'vn & l'autre commet larcin : *l. ſi pignore.ff.de furt.& furtum autem.inſt.de oblig. quæ ex delict.naſcunt.* Finalement l'Empereur adiouſte que ce ſoit contre le gré, ſceu, ou volonté d'iceluy, à qui la choſe appartient, pour exclurre de ſa definition celuy qui manie, emporte, ou trafique l bien d'autruy de fon confentement & permiffion, §. *placuit.inftit. eod.* Le larron qui vole, & rauit le bien d'autruy de viue force, foit qu'il enleue violentement la bource, l'efpée, le manteau, la iuppe, meubles ou autre chofe qui luy appartienne, eft plus coulpable, & par confequent plus griefuement puniffable, que le fimple larron qui n'a efté trouué fur le faict, pour eftre impliqué en double crime de larcin & vollerie violente (que les Empereurs & Iurifconfultes ont compris fous le tiltre, *de vi bonorum raptorum*) & partant, *tenentur furti vi bonorum Aquiliana, conditione furtiua & vindicatione, l.2.rerum raptarum ff.de vi bon.rapt.l.fi vendidero, §.cum raptor, ff.de furtis.*

(Marginal note: Diuifion du larcin. Larcin fimple. Larcin compofé. Circonftances du larcin compofé.)

Tout larcin eft ou fimple, ou compofé: le fimple, eft celuy qui n'a commixtion auec autre crime quelconque, comme le coupeur de bources, celuy qui fouftrait & emporte le meuble, vaiffelle, linge, ou autres meubles de la maifon, ou puiffance d'autruy. Le compofé, eft celuy qui eft ioint auec quelque autre crime : comme le facrilege : qui eft vn larcin fait en lieu facré, ou de chofe facrée. Ou celuy qui pour derober commet violence & force, ou publique, ou priuée : par fracture de portes feneftres, cabinets, &c. car tels larcins, ioints à autres crimes, font rendus plus graues, & puniffables de peine plus griefue que le fimple, felon les circonftances qui les accompagnent, comme quand en dérobant, il interuient meurtre, ou bleffeure : car alors *furtetur de vi publica, aut priuata l. Corn. de ficc.aut l. Aquil.de vulnerato.*

(Marginal note: Prohibitions du larcin par la Loy de Dieu. Par la Loy de nature. Par les loix ciuiles. Par les conftitutions canoniques. Par les couftumes de toutes les nations. Les Scythes. Les Romains. Trop douce procedure, contre le larcin entre les Romains. Tous l'ar c ns punis en France felon leurs qualitez. Fouet à la premiere fois fuftigation & fleur de Ly. à la feconde : la corde à la troifieme. Lieu aggraue le larcin.)

Ce crime (qui ne procede ou que d'vne extreme auarice, ou d'vne malheureufe inclination de dérober (eft expreffément prohibé par la Loy de Dieu en la feconde table du Decalogue, fous ces mots : *Tu ne déroberas point:* voire non feulement la Loy de Dieu defend la fubreption du bien d'autruy: mais auffi la fimple conuoitife, au dernier commandement. La loy de Nature l'abhorre, qui veut que nous ne faffions à autruy que ce que nous voudrions nous eftre fait à nous mefmes Les titres *ff.& C.de furtis* monftreront en quelle forte le droict ciuil le detefte, & en a ordonné la punition. Comme de mefme le droit Canon, par tout le titre *de furtis,* auec le tefmoignage & commune maxime des Theologiens, que *Non remittitur peccatum hoc, nifi reftituatur ablatum.* Le droict Couftumier luy eft directement contraire. Les Scythes (dit Iuftin) qui n'ont aucun droict écrit, n'eftimé pas qu'il y ait vice plus deteftable que le larcin : c'eft pourquoy ils le puniffent du dernier fupplice le plus cruel. Les Anciens Romains le puniffoient affez doucement, y apportans tant de circonftances des perfonnes, de leur qualité, de leur neceffité, des chofes derobées, & de ceux a qui le larcin eftoit fait : que mefmes ils n'entrerent iamais en opinion, que le larcin domeftique deuft eftre puny de mort: *l. in feruorum.ff. de pœn. l. capitalium. §. non omnes l. 1. §. generaliter, eod. & l. quicumque. §. quod fi C.de feruu.fugit.* Mais *iure nouo,* telles diftinctions font oftées : car en France, tous larrons font punis, felon la qualité du delict : çmoit le fimple larcin bien & deuëment verifié, du fouet, pour la premiere fois : la feconde encores de la fuftigation, auec l'impreffion d'vne fleur de Lys, que l'executeur imprime auec le fer chaud, fur l'épaule du larron. Que s'il recidiue pour la troifieme fois, il eft pendu & eftranglé. Et de ce il y a dix mille iugemens rendus aux Iuftices Royales, confirmez par Arrefts des Cours fouueraines.

O es que le coupeur de bources ne commette que fimple larcin, fi eft ce neantmoins qu'il eft plus feuerement puny, felon les circonftances du lieu, où il a commis l'acte : car s'il eft fait en la maifon du Roy ou dans vn palais de Iuſtice ſouueraine, il ne peut euiter le dernier ſupplice. Et ainſi pendant mes plus baſſes années, en ay-je veu pendre vn ſur le Quay du Louure, en Septembre 1579. qui le meſme iour, cnuiron les dix-heures de matin, en la grand' ſalle du Louure auoit couppé la bource d'vne Damoiſelle, en laquelle n'y auoit que trois eſcus, & vne bague d'or, dont il fut trouué ſaiſi. De Luc *lib.7.tit.4.art.2.placitorium Curiæ*, rapporte vn Arreſt *du 22. Iannier* 1549 par lequel vn qui auoit couppé vne bource en la Chambre dorée du Palais à Paris pendant la plaidoyerie du matin, ores qu'il n'y euſt en la bource que ſoixāte ſols, fut ſur le champ condamné à eſtre pendu & eſtranglé. M. Chenu rapporte deux Arreſts, qu'il à luy-meſme veu executer, l'vn à Bourdeaux, l'an 1582. où celuy qui auoit couppé la bource au Palais, fut condamné à eſtre pendu & eſtranglé dans la grand' ſalle du Palais, ce qui fut executé, ores qu'il ne fuſt âgé que de 18. ans. L'autre de Paris du 3. Mars 1588. côtre vn qui auoit couppé vne monſtre, qu'il laiſſa tomber fuyant la chambre dorée, ou ſur les concluſions Monſieur Faye, pour le Procureur du Roy, par Arreſt prononcé par Monſieur le Preſident du Harlay, il fut condamné à eſtre pendu & eſtrāglé, ce qui fut executé le iour meſmes en la Cour du Palais.

Soudaine punition des coupeurs de bources.

L'on a receu pour maxime generale en France, que le larcin domeſtique eſt puniſſable de mort, ores que ce ſoit le premier & ſeul larcin conmis par le ſeruiteur ou ſeruante domeſtique, *Fab. in § aliæ autem Inſt. de pub. iud.* & ainſi a eſté iugé par Arreſt de Paris, *du 13. Septemb.* 1532. rapporté par Papon, contre la diſpoſition de la loy *ſerui & filii. ff. de furt. l. reſpiciendum §. furta domeſt. de pæna.*

Seruiteurs domeſtiques larrons, ſont puniſſables de mort.

Les hoſteliers, cabaretiers, maiſtres & patrons de nauires, ſont tenus de rendre & reſtituer les choſes qui ſont commiſes en leur garde & puiſſance, & portees en leurs maiſons, ou nauires, ſuiuant l'Edict du Preteur: *Nautæ, caupones ſtabularii, quod cuiuſque ſaluum fore receperint, niſi reſtituant, in eos iudicium dabo.* Autrement ils ne ſe peuuent excuſer du payement de la valeur des choſes perduës; comme il fut iugé par Arreſt de Paris *du 10. Iuin.* 1575. à la pourſuite de Girard Marque, Marchand Eſpicier de Lyon, contre l'hoſte du ſauuage de Bourges, pour la reſtitution d'vne bougetie. *Papon.*

Nautæ, caupones, ſtabularii vt recepta reſtituant.

Si toutesfois la choſe remiſe à l'hoſtelier, cabaretier, &c. ſe perd *vi maiore, aut caſu fortuito*, comme ſont les cas rapportez par la loy *contractus ff. de reg. iur. incendio, ruina, naufragio, impetu prædonum, &c.* il n'eſt tenu à la reſtitution d'icelle: *l 1 § Inde Labeo ſcribit. ff. nautæ, caup. ſtabul.* Non plus que ſi quelqu'vn de la ſuitte ou des domeſtiques de celuy qui a faict la perte, la prins, & s'en eſt fuy, *l. licet gratis. §. 1. verſ. ſed & ſi. ff. eo.* Et ainſi a eſté iugé *par Arreſt des grands iours de Clermont, rapporté par Papon, ſans datte.*

L'hoſte n'eſt tenu à la reſtitution de la choſe à luy commiſe qui eſt perie par accident.

L'ancienne couſtume de Tours, eſtoit de punir les larrons domeſtiques par amputation de membre: mais elle fut abrogée par Arreſt *de l'an* 1259 *Papon.* Si toutesfois les fameux larrons, qui par couſtume inueterce ont faict habitude de deſrober n'eſtoient punis du dernier ſupplice, apres auoir à diuerſes fois recidiué, il ſeroit impoſſible de conſeruer le ſien, ſinon auec extreme peril de la vie.

Ancienne couſtume de Tours en la punition des larrons abrogee.

Les larrons ſont diſtinguez par nos Iuriſconſultes, en quatre principales conſiderations. Les premiers, & moins puniſſables ſont les ſimples larrons, qui le iour ou la nuict deſrobent ce qu'ils peuuent attraper: puniſſables comme nous auons cy deſſus ſpecifié, & c'eſt de ceux-cy que fait mention le texte du §. *furtum. Inſt. de furt.* & la loy premiere, *ff. eod.* Les ſeconds plus pu-

Quatre ſortes de larrós: Larrons ſimples.

S ſſ 2

Larrons voleurs.

niffables que les premiers, font ceux qui la nuict ou le iour commettent leur larcin, auec fracture de portes ou feneſtres, coffres, buffets ou garderobbes, entrans dans les maiſons furtiuement : & font ceux deſquels fait mention la loy 1 *ff. de effractor. & l. ſaccularis ff. de extraordin. crim.* Les 3. font les voleurs

Voleurs qui tiennent les bois & grãds chemins ſans meurtre

qui tiennent les grands chemins, & volent les paſſans, ſans meurtre neantmoins, ny effuſion de ſang: ſe contentans des moyens & de la bource de celuy

Larrons ſuperlatifs volent les moyens, & tuent les paſſans.

qu'ils ont volé, & de ceux-cy (*qui propriè dicuntur graſſatores*) traicte la Loy *capitalium. § graſſatores. ff. de pœn.* Les 4. font ces fameux voleurs qui commettent les voleries, ſoit dans les bois, ſur les grands chemins, ou ailleurs, aſſaſ-

La rouë ordonnée contre tels voleurs & guetteurs de chemins.

ſinent & rauiſſent tout enſemble la vie & les moyens aux viateurs, dont eſt faicte mention en la meſme loy ſus alleguée, *in § famoſos.* Et ces deux derni-

Autre diuiſion du larron.

res ſortes de voleurs, par *l'Ordonnance du Roy François I publiée en Iannier l'an* 1534. doiuent eſtre rompus, bras, iambes, cuiſſes, & les reims, ſur vne rouë, &

Larcin manifeſte.

illec laiſſez tant qu'ils pourront demeurer en vie : afin de deſtourner par l'atrocité du ſupplice, les autres de les imiter.

Le non manifeſte.

Le larcin eſt ou manifeſte, ou occulte & non manifeſte. Le manifeſte eſt, lors que ſoit de iour ou de nuict, le larron eſt prins ſur le faict, & trouué ſaiſi

Le larcin n'eſt nombré entre les crimes fortuits

de la choſe dérobée. Le non manifeſte, eſt lors que le larron emporte le larcin ſi occultemét, qu'il n'eſt veu de perſonne, & neãtmoins il eſt depuis cõuaincu de ſauoir fait & commis: *d. §. furtum, & §. ſeq. Inſtit. de oblig. quæ ex delict. naſc.*

Les Iuriſconſultes ont remarqué que ce crime ne peut eſtre comptins entre les cas fortuits, comme ſeroit le meurtre aduenu ſur vne querelle impremeditee, d'autant qu'auant qu'il ſoit commis, eſt neceſſaire vne precedente & determinée deliberation; auec la diſpoſition du temps conuenable à l'execution d'iceluy. C'eſt pourquoy il merite punition exemplaire, cõme ont tenu *Ioan. Andreas, & Ioan. Ganfredus in 2. part ſui collectarii. cap. vnic. num. 12.* Où eſt remarquable qu'il y a deux larcins ſi grands, qu'ils equipollent (quant à la punition) à trois larcins faits de ſuitte: comme a noté *Boër. q. 173. n. 5. part 1. textus in Au. bent. ſed nouo iure, in fin. C. de ſeru. fugit, argum. l. ſi is, qui tres. ff. de excuſ. tut.*

Or es que le larcin ſoit puniſſable, odieux, & prohibé par toutes les loix, il

N'eſt permis de desrober au larron la choſe desrobée, ſinon pour la reſtituer à qui elle appartient.

n'eſt neantmoins permis de deſrober au larron la choſe par luy deſrobée, ſi ce n'eſt pour la reſtituer à celuy à qui elle appartiét: auquel cas la ſouſtraction qu'on en fait au larron, ne ſe nõme larcin. *H ſt. de pœn. & re in ſumma. §. qualibet. & qualiter, verſ. ſed nunquid. Idem allegat. Ioan. Ganf. in collect. lib 5. n. 1. de fur.*

Receleur du larcin peut eſtre pourſuiui comme larron.

L'action de larcin peut eſtre intentée & pourſuiuie contre celuy, en la puiſſance duquel a eſté trouué la choſe deſrobée, comme a eſtimé Barthole *in l. 2. C. de furt. & ſeruo corrupt.* où il fait cette queſtion, ſçauoir ſi celuy qui a achepté la choſe deſrobée, eſt coulpable comme participant au larcin ? en quoy il requiert la conſideration des circonſtances, pour quel prix elle a eſté venduë, ſi à ſon iuſte, ou à vil prix : ſi elle a eſté eſtrouſſée publiquement, ou en cachette, afin de deſcouurir le dol qui y peut eſtre interuenu : *l. dolus, C. de dol.*

Doubles larrons qui desrobent en vn incendie.

Celuy qui prend, emporte, & retient les meubles, veſtemens, denrées, & marchandiſes qui ſont iettées hors des maiſons bruſlantes pendant la conflagration d'icelles, commet vn double larcin, adjouſtant affliction à l'affligé, &

Ou apres le naufrage.

en doit eſtre plus griefuement puny, que d'vn larcin ordinaire. Le meſme (mais non ſi grand) commettent ceux qui retiennent aux pauures marchands les quaiſſes, denrées & marchandiſes, qui apres le naufrage ſont iettées aux haures & ports de mer, ou des grandes riuieres, d'autãt que c'eſt vne calamité

de laquelle le Fisc mesmes ne se voudroit preualoir, quand ceux qui en ont
fait le jet, ou pati le naufrage, les repetent. *Vide Gaufredum super Decret. in
c. excommunication. de raptor. & incendi. & in c. qui cum sue. extr. de furt. & quod
natur in c. dispensationes. 1.q.7.& l.2.C. de naufrag. lib. 11.*

Est remarquable en crime toutesfois, que tout ainsi que celuy, qui deffendant sa vie des aguets, embusches, & violences de son ennemy mortel, l'auroit tué, ne doit estre si seuerement puny, que celuy, qui toute sa vie fait mestier d'esgorger les passants à l'entrée d'vn bois, pour leur rauir leurs moyens;
de mesmes celuy, qui au temps d'vne grande famine, pressé d'extreme necessité, auroit desrobé quelque bled, ou du pain sur le banc du boulanger, ou
quelqu'autre chose mangeable, pour appaiser sa faim desesperée, ne doit estre
si rigoureusemét poursuiuy, que le larron qui ne s'entretient d'autre mestier.
Et fera tres prudemment le Iuge, deuant lequel telle matiere sera traictée, s'il **Differentz de larcins.**
balance d'vn égal contrepois en son ame, la qualité de l'accusé de crime, son
aage, sa necessité, le temps, la qualité des choses desrobées, leur valeur, & esti-
mation, afin de plus doucement, ou seuerement proceder à la punition, selon **Circonstances considerables.**
l'atrocité, ou legereté du crime : *c. si quis, extr. de furt.*

Le fils de famille, qui desrobe les biens appartenants à son pere, soit en la
maison paternelle, ou ailleurs, *l. ne cum filios. am ff. de furt.* & les femmes qui des- **Fils de famille desrobant le pere.**
robent leurs maris, commettent larcin: mais ils ne peuuent estre traictez, ny
poursuiuis comme larrons : ains est leur reprehention commise à l'arbitrage **Femme qui desrobe son mary.**
du Iuge : *l. si quis vxori ff. de furt. l. vxor. ff. de crim. expil.* Et pour cette raison la
loy a permis au pere & au mary, de saisir des choses qui leur ont esté desro- **Le pere & le mary se peuuent saisir du larcin trouué**
bées, en quelque lieu qu'ils les trouuent, & entre les mains de qui que ce soit,
sans restitution d'aucune somme, ou de partie de ce qui pourroit auoir esté
donné pour le prix d'icelles, *l. si quis vxori, l. si mancipium C. de rei vend. l. incini* **Femme qui desrobe son mary pour se retirer auec son a-dultere.**
lem. C. de furt. & ibi DD. Si toutesfois la femme ayant soustrait ses bagues &
ioyaux, prend & desrobe les deniers comptans, obligations, vaisselle d'argent,
ou autre meuble plus precieux de son mary, pour les porter entre les mains
de son adultere, en la compagnie duquel elle se retire au mesme temps: ou que
par son entremise, ou son paillard fait le larcin, tous deux doiuent estre punis
du dernier supplice, du licol, ou de l'espée, selon leur qualité. Et ainsi fut iugé
par Arrest du Parlement de Bourgongne contre vn Seigneur & vne Dame, qui ne sont
nommez pour le respect de leurs maisons.

L'ARCIN D'EXPILATION D'HOIRIE.
§. II.

LE crime d'expilation, ou spoliation d'hoirie, est d'autant plus execrable, **Pourquoy l'expilation d'hoirie est execrable.**
qu'il est commis en vne maison pleine de deüil, d'ennuis, & de tristesse,
par le deceds du chef d'icelle : & en doit estre la punition seuerement pour-
suiuie : S'il est verifié que la spoliation soit faicte par la femme du deffunct, **Spoliation faicte par la femme la priue de l'hoirie & de tous aduantages matrimoniaux.**
& qu'elle soit son heritiere fideicommissaire, elle perd l'hoirie à elle deferée
par son testament : sinon, elle perd tous les aduantages matrimoniaux, & autres qu'elle pouuoit pretendre en l'hoirie par elle expilée : *vt patet tot. tit. ff. &*
C de crim. expil. hered. Que si ce sont estrangers qui ont faict la spoliation, ils
doiuent estre condamnez ou au bannissement perpetuel, ou à autres peines,

l'arbitrage du iuge:*l.1 ff.eod.*Et est ce crime tellement odieux,qu'ores que par la stipulation du mariage,ou par la coustume des lieux, la femme qui est en communauté auec son mary,aye loy de renoncer à icelle dans quarante iours apres son deceds,pour éuiter le payement de la moitié des debtes;s'il se troue neantmoins , qu'elle aye soustrait la moindre chose du monde de l'hoirie commune,elle est tenuë aux debtes par moitié,sans se pouuoir ayder du benefice de la renonciation,*arg.eorum,quæ leguntur in l.si. C. de Iur. deliber. Papanius in consuetudines Burdonias.§.246.Arrest de Paris de l'an* 1587. *Papon.* Et toutesfois pour les choses par elles soustraites,ne peut estre contre elle procedé criminellement , ainsi qu'il a esté iugé par Arrest du 19. Feurier 1600. M. Loüet chap.36. litera C, par lequel vne procedure criminelle fondée sur ce, contre vne vefue , fut cassee sauf aux creanciers à intenter leur action ciuile pour la representation des meubles qu'ils pretendoient auoir esté prins par la vefue,& qu'en l'instance ciuile ils pourroient faire ouyr de nouueau les tesmoings ouys és informations.

L'estranger qui a expuie l'hoirie , comment puny.
Priue la femme du benefice de renonciation à la communauté.

LE SACRILEGE. §. III.

LE Sacrilege est vn des plus detestables larcins qui se puisse commettre, comme crime qui ne peut éuiter la punition de la Iustice diuine, ores que l'humaine la dissimule. Les Iurisconsultes & Canonistes le diuisent en trois especes : car il se commet ou lors que l'on desrobe vne chose sacrée en vn lieu sacré : Ou quand l'on desrobe la chose sacrée au lieu non sacré; Ou la chose profane en vn lieu sacré,*c.si quis contumax,& c. quisquis* 17.*quæst.*4. *gloss. in cap. sacrilegium,eod.caus.& quæst.lib.sacrilegii pœnam, lib.sacrilegii capite, & ibi gloss. & in lib.diui.& ibi Bart.ff.ad leg. Iul.pecul.Abbas Siculus in c.cæterum.col.5.de Iud. gl. & DD.in cap. conquesti.de sentent.excommunicationis.*Les premiers sacrileges entre les Romains furent *Quintus Pleminius, Scipionis Legatus,& Verres Siciliæ Prætor.Vide Iulium Clarum lib.Sententiarum* 3.§.*sacrilegium.*

Diuision du crime de Sacrilege.

Or la chose sacrée n'est pas seulement les Sacremens , mais aussi les vaisseaux sacrez,destinez au seruice diuin : comme les calices, patenes, corporaliers,ciboires,chappes,estolles,chasubles, amicts,aubes,&c. Et ne peut ce crime estre expié,que par la mort du delinquant, par le feu ; quand c'est le plus graue;(comme la premiere espece par nous cy-dessus posée :) ou par le licol, *d.l.sacrilegii pœnam.* Quant aux autres deux especes, elles ne meritent plus douce punition, bien qu'aucuns se soyent contentez de l'amende honnorable, & de faire coupper le poing au sacrilege; *l.Iulia. §. mandatis.ff. ad legem, Iul.pecul* parce que la punition est arbitraire : & suiuant ce fut par Arrest de Bourdeaux du 17. Mars 1527. condamné à mort vn sacrilege, qui auoit desrobé le ciboire,où estoit la saincte & sacrée Hostie. Bien que Papon rapporte vn autre Arrest du mesme Parlement , du 12.May 1558. plus doux , contre deux ieunes enfans, que la bassesse & imbecille fragilité de leur aage sauua ; d'autant qu'ils ne furent condamnez qu'au foüet deux iours de Samedy, à faire refaire le Calice qu'ils auoient desrobé , & l'augmenter d'vn marc d'argent,assister en chemise la hart au col à la grand' Messe de leur parroisse, les deux Dimanches suiuans les iours de leur fustigation , & bannis à perpetuité de la Seneschaussee de Bazas.

Quelles sont les choses sacrées.
Sacrileges punissables du feu.
Douce punition du Sacrilege.

De mesme peine sont punis ceux qui ouurent les sepulchres , pour y vo- *De sepul-*
ler & dérober ce qu'ils estiment y estre de plus precieux, comme en ceux des *chrorũ vio-*
Archeuesques, Euesques, Abbez, Prieurs, & autres Ecclesiastiques qui sont en- *latcribus.*
terrez vestus, auec leurs crosses, bagues , annéaux , pierres precieuses, mitres,

chappes, &c. *l. sin. ff. de sepulchro violato.*

Les Canonistes mettent pour quatriéme espece de sacrilege, la violence *Celuy qui*
qui est commise contre vn Prestre, ou autre constitué aux sacrez Ordres, *met les*
quand on met sur lay la main violente: *c. si quis contumax. c. quisquis inuentus:* *mains vio-*
c. si quis suadente diabol. 17. *q.* 4 qui portent expresse communication. Bref *lentes sur*
ce crime a esté iugé execrable entre les Payens mesmes, qui ne furent iamais *l'homme*
éclairez de la lumiere Euangelique, & en detestation d'iceluy, ny les Cano- *d'Eglise*
nistes, ny nos Docteurs n'ont voulu que les sacrileges iouyssent de l'immuni- *commet sa-*
té & franchise des Eglises, ou lieux sacrez, où ils se pourroient sauuer: ains en *crilege.*
doiuent estre tirez à force, pour leur estre fait & parfait leur proces, *cap. fratn.* *Les sacrile-*
17. *q.* 4 *& c. sicut.* Car tout ainsi (disent ils) que le peché commis contre Dieu, *ges ne doi-*
en plus graue mille fois, que celuy qui est commis contre l'homme, de mesme *uent ouyr*
le sacrilege est plus graue que la fornication, le larcin, ou autre vice de telle *de la tran-*
espece: *c. sin. iunct. glos. in verbo qui faciunt se indignos. extr. de immunit. Eccle-* *chise des*
siarum. & ibi Panormit. l. si quis in hoc genus. Cod. de Episcop. & Cleric. Et ont *Eglises.*
passé iusques là, que celuy qui a vne fois commis ce crime, & n'en a receu au- *La premiere*
cune punition, si pour quelque autre delict il est poursuiuy, tel ne peut s'ay- *raison.*
der de la franchise des lieux sacrez, estant indigne de receuoir benefice , ou
commodité des lieux, qu'il a violez & profanez, en tant qu'il a esté en sa puis-
sance: *Boer quæst.* 110. *Decis. cappel Tholosan.* 422. *c. aa Episcopus, cum seq.* 17. *q.* 4 *Raison se-*
c. sin. extr. de immunit. Ecclef. Idem tenet *Abbas Siculus : frustra enim legis auxi-* *conde.*
lium im, lorat, qui committit in legem.

CRIMEN ABIGEATVS. §. IV.

C'Est encores vne espece de larcin odieuse & grandement dommageable,
que celuy qui se commet en la substraction des bestes & animaux domestiques comme bœufs, vaches, cheuaux, cheures, porceaux, brebis, &c. que *Abactores*
les larrons de tel bestail ont accoustumé de transmarcher d'vn pays en autre, *pecorum*
pour en les vendant couurir leur larcin ; Mais le Iuge, entre les mains duquel *qui sint.*
tombent tels deliquans , doit sur tout auoir l'œil, auant rendre son iugement
sur la punition du crime, à considerer si le delict a esté commis à heure nocturne, en la maison, ou estable du denonçant, auec fracture, ou violente ou- *Circonstáces*
uerture des portes & fenestres, ou barrieres : Ou si ça esté en plein iour, le *que le iuge*
bestail est-il trouué en compagne ou pasturage, par les chemins, autre- *doit confide-*
ment. Car ces derniers cy ne sont communement chastiez que du fouët, *rer en ce cri-*
bannissement, ou mulctez par amendes : *l. 1. ff. de abigeat.* Mais leurs autres ne *me.*
peuuent, ny ne doiuent euiter le dernier supplice, selon la Loy *abigeatus,*
e d. Et n'en doit estre la punition moindre que des voleurs nocturnes : car *Diuerses pu-*
si celuy qui entre furtiuement en la maison d'autruy, pour dérober , adiu- *nitions de*
terer, &c. est presumé plus que larron, comme veut le Iurisconsulte Vlpian, *ce delict.*
en la loy *facularius de extraordinar. criminib. & l. fugitiuus. de verb. & rer. sign. ff.*
etiam si matrem familias nunquam corruperit si non læserit, si modo eius mentis
sit , vt occasione data, id commissurus sit , & celuy qui essarouche le bestail, à fin,
qu'il s'enfuye & tombe és mains des larrons, est reputé pour insigne larron

Qui pannum rubrum oftendit, fugauitque pecus, vt in fures incideret, l. fi quis vxoris, §. fi quis de manu, l. in furti §. fin. de furt. & font eftimez dignes de punition, à plus forte raifon celuy qui de malice pourpenfée, y entre la nuiƈt, fait ouuerture violente, rauit & emmeine le beftail, *Vide Cuiacium lib.* I. *cap.2.l.vnic. C. de abigeis. l. I ff. e:d.*

A mefmes peines font fuiets tous ceux qui recelent, retirent, ou fouftrayent les larrons : leur preftans ayde, ou commodité, pour retirer leurs larcins en lieu de feurté : foit beftail, qu'il fçauent auoir efté dérobé, ou autre chofe : fuiuant la difpofition de la Loy finale, *ff. de abigeis.* I'ay veu en moindres termes executer à mort, en la Greue à Paris, vn vieux gantier Parifien, & fa femme, pour auoir achepté vne couuerte de Cathelogne de quatre foldats des gardes du Roy (qui furent pendus auec eux pour l'auoir dérobée) en Septembre 1598. par Sentence du Sieur Rapin Preuoft de robbe courte, comme achepteurs & receleurs de meubles volez.

DV PECVLAT.   §. V.

LE crime de Peculat, eft le larcin qui fe commet aux deniers du Roy, ou du public : par celuy ou ceux, qui en ont la charge, & qui les ont entre leurs mains : ainfi appellé, *quafi pecuniæ ablatio.* De ce crime fut accufé Verres, par Ciceron, pour le larcin par luy commis aux deniers publics, & à la fpoliation des Temples, de richeffes, & ornemens confacrez aux Dieux. Auffi l'ont les Iurifconfultes baptifé du nom de Sacrile, *l. fin. ff. ad leg. Iul. pecul. facr. eod.* le peculat ne differant du facrilege, qu'en ce que le facrilege fe refere au larcin d'vne chofe facrée, le Peculat d'vne publique. Bien que le mefme nom foit donné à celuy qui prend les deniers deftinez à œuures pies, fainctes & religieufes, & les employe à fon profit & vfage particulier, *ll.* I. *& 4 ff. ad l. Iul. pecul. Qui prædam ab hoftibus captam furripuerit, aut muros perforauerit, tabulam æream, leges, formámve agrorum, aut quid aliud continent. refixerit, vel quid in immuta. lege Iulia peculatus tenetur (dit Tacite) lib.* I 7. *l. qui tabulam, qui perforauerit ff. eod.*

Toutesfois les Financiers, Treforiers, & Receueurs generaux des Prouinces ne peuuent eftre dits attaints de ce crime, tant qu'ils demeurent comptables aux Prince, ou au public. Mais fi apres l'audition, clofture, & affinement de leurs comptes, ils fe trouuent auoir frauduleufement defailly & manqué à la recepte, & exceffiuement chargé la defpence, ils peuuent eftre accufez de peculat : *l.* I. *& l. hac leg. ff. ad leg. Iul. pecul.*

La feconde efpece de ce crime, fe commet en la monnoye : où quand celuy qui a la charge de la faire battre, par le moyen des officiers & contreroleurs, mefle parmy l'or & l'argent pur, d'autre metal de moindre prix : Ou quand fans y rien mefler, il en fait battre fous le mefme coing, de la mefme matiere, en autre lieu que celuy qui eft deftiné à la batre, pour fon vtilité particuliere. Car lors il ne fera pourfuiuy comme faux monnoyeur, mais comme peculateur : *l. facrilegii, §. qui cum in moneta, & §. fi quis ex metallis, eod.*

Celuy (qui fous vne fauffe quitance, ou Ordonnance, tire quelque fomme de deniers, d'entre les mains du Fermier general ou particulier du Prince, ou du public, commet peculat : bien que les deniers à luy comptez foient particuliers, d'autant que le fermier ne laiffe de demeurer debiteur de tout le contenu en fa ferme, nonobftant le payement fubreptif : *l. facril. §. eod. cap. eod.*

Bien

Bien que les crimes demeurent esteints par la mort des accusez, si est-ce neãtmoins qu'en haine & detestation de ceux qui dérobent les deniers du Prince,& du Public, pour la foule & oppression qui en resulte au pauure peuple
l'on pourfuit ce crime contre les heritiers du Peculateur,pour ce dont il s'est
preualu,remplissant ses coffres aux despens de la calamité d'autruy , dont il
n'est iuste, n'y raisonnable que le siens s'enrichissent,*l.vlt.eod.l.in hæredem,ff.
de calumniator.* Et de là a esté tirée cette conclusion. Que ce que le tefmoin
aura receu pour depofer faussement , ou le Iuge pour iuger iniquement , &
contre le droict,&c.peut estre repeté contre leurs heritiers,qui feront tenus
à la restitution du tout (dit la mesme Loy,) *Vide casum legis Lucius Titius, de
iur. fifc. & l. Caius Seius ad Senatusconfult. Syllan. quibus modis à nocentibus aut
ingratis hæredibus, res quibus ancti funt , auferuntur.*

Nous auons posé pour regle , que tous crimes demeurent esteints par la
mort, ains outre les exceptions fus fpecifiées , celles qui fuiuent,font encor
receuës en droict, fçauoir au crime de leze Maiesté , la pourfuite duquel ne
s'esteint par la mort de l'accusé,ains peut estre pourfuiui contre fes heritiers,
in l. Iudiciorum.ff. de accuf. En celuy qui pendant fa prison,ou l'appel,s'est homicidé & tué de foy mesme,*l.defunctis.C.fi reus vel accuf.mort.fuyt.l.fin.ff. de bon.
eor.qui ãte fentent.*Aux crimes rapportez par Accurfe & Salicet,*in l. 1. C. fi reus
vel accuf.*Quand il y a Sentëce portãt cõfifcation ou annotation de biens,*l.fi.eo.*

Ores qu'anciennement la pourfuite de ce crime fe prefcriuift par cinq
ans,*l.peculatus , ff. ad leg. Iul. pecul.* ce neantmoins auiourd'huy il ne fe peut
prefcrire à moins de vingt ans , non plus que les autres crimes , *l. querela de
falf.*Voire quand il est question des deniers Royaux,l'accufation en doit estre
receuë iufques à trente ans.

La punition du Peculat est communement felon la qualité des accufez fça
uoir de la peine de mort contre les Officiers qui en font attains,de banniffe-
ment contre autre perfonnes,& de note d'infamie contre ceux qui y ont tenu
la main & presté aide,*l.vnic C.de crim.pecul. & ibi glof. Accur.& Doct.*

Celuy qui ayant rendu fon compte au Prince , ou public,fe trouue reliquataire de notable fomme de deniers, qu'il retient à foy , ou l'employe à fon
profit & vfage particulier, contre l'intention de ceux à qui il doit,foit qu'il
l'aye prestée à interests, employée au trafic de marchandife ou autrement,
n'est pas à la verité atteint du Peculat : mais c'est vn crime qui luy est voifin,
*l.cam Iulia de refiduis , teneturis , qui publicam pecuniam delegatam in vfum ali-
quem retinuit , neque in eum vfum confumpfit,l.2. ff. ad l.Iul.pecul.* Et de cette condition font non feulement les Treforiers & Receueurs generaux, ou particuliers du Prince , des Prouinces . & du public : mais aussi ceux qui ont à ferme generale ou particuliere, les biens du Domaine ou des Repliques, les
Commiffaires deputez pour la furintendance des viures, & munitions, le-
uées par estapes en temps de guerre, foit pour paffage de gendarmerie, armées, fieges de villes, ou outrement,parce que ceux qui ont receu fes deniers leuez pour céteffet, retiennent à eux le reliqua de l'employ d'iceux,
bien qu'ils ne foient proprement Peculateurs,ils font neantmoins tenus à la
reddition du compte, & doiuent estre contrains ciuilement à la prestation
du reliqua,par toutes voyes de Iuftice,*l.facrilegi,& l. lege. §.lege.& l. cum eo autem end. Exiget (inquit Labeo) pignus capiendo, corpus redimendo,multam dicendo,*
qui est fuccinctemët la peine de ceux qui sõt en demeure pour ce fuiet,& s'ils

defaillant apres la peine declarée,ils font auiourd'huy (aux comptes & finances mulétez par condamnation du double,du triple, ou du quadruple,*l.lege.Iulia.§.fed & qui pecuniam.l.facrilegii in fin.eod.l.vlt.C.de frum.verb.Conflit.lib.11.*

Le mefme fe pratique contre les deputez, ou Commis à la recepte des deniers deftinez par le Prince,ou le public,aux reparations des ponts,murailles,& portaux des villes,ports,quays,chemins,& autres lieux,s'ils retiennent ce qui refte des deniers leuez entre leurs mains,y ayant cette feule difference entre le Peculateur,& le Reliquataire, que l'vn dérobe, l'autre retient malicieufement la chofe leuée, fans la reftituer,comme il eft tenu. Auffi n'eft ce proprement crime,mais action pour le reliqua, ainfi nommée par les Praticiens , à la fuite des Iurifconfultes,*l.Lucius Titius,ff.de adminiftrat. tut. l. creditor.ff.de folut.* Cette action au furplus, comme le peculat eft tellement populaire,que chacun y eft receu pour denonciateur.

Peines des Reliquataires.

Difference de Peculateur au Reliquataire.

LA CONCVSSION.   §. VI.

La cócuffion eft vn larcin fuperlatif. Concuffionnaire pire que le voleur.

ENtre toutes les fortes des larcins, la Concuffion eft la plus mal-heureufe; d'autant que la plus grande partie des larrons dérobent par extreme neceffité, & pour fe garantir de la pauureté ,qui leur eft imminente:mais le concuffionnaire, fous le pretexte fpecieux de l'authorité qu'il a, à l'occafion de fa charge,& fous le voile de Iuftice,vole le bien d'autruy plus deteftablement que les voleurs qui efpient les paffans dans les bois. Car on fe peut garantir de ceux cy,en euitant les lieux de leur retraite ; ou fe trouuant plus forts : mais l'impitoyable violence de ceux-là , eft ineuitable, fi l'on a tant foit peu d'affaires en Iuftice.

Definition de cócuffion.

La Concuffion donc eft l'ordre,fale, & damnable compofition,que le Iuge ou Magiftrat, le Procureur ou Aduocat du Roy,ou autres Officiers,font fous pretexte de leur Eftat & Office,pour iuger,ou requerir contre le droiét,pourfuiure , ou condamner celuy qu'ils doiuent abfoudre , ou abfoudre & laifcher le coulpable,pour certaine fomme d'or,d'argent vaiffelle d'argent tapifferies, linges,ou autres prefens,foient eftoffes pour fe veftir , beftail, pieces de vin, *&c.tot.tit.C.ad legem.Iul.rapetund. & ff.de concuffionib.* de ce crime fait mention Ciceron,*quinta & fexta Verrina,in Bruto. & in oratione pro Rabirio.*

Autres efpeces de con cuffion.

Sergens commettent concuffion.

La Concuffion fe commet auffi aux ventes,achapts,loüages,donations , & autres actes que les Iuges corrompus procurent faire à leur aduantage, *dum alienum iurgium fuam exiftimant prædam effe, l. lege Iulia. & l. penul.ff. ad leg. Iul. repetund.* Et n'eft feulement ce crime commis par les Magiftrats & Officiers de iudicature , mais auffi par les Sergens, qui au lieu d'executer le deu de leur charge , prennent argent fous main de ceux, à qui ils font enuoyez pour executer,ou par ceux, *qui ob denunciandum aut non denunciandum teftimonium,pecuniam acceperint,*comme parle la Loy.

D'où procede la concuffion.

Cette contagieufe lepre eft née de la venalité des offices, où l'on pefe pluftoft la bource de l'achepteur, que fon fçauoir,fa probité,& fon entendement. Ioint l'ambition & l'auarice,qui leur perfuadent en apres qu'il leur eft permis de vendre en detail,ce qu'ils ont achepté en gros, & apres fans fe fouuenir du ferment par eux folemnellement prefté , ny preuoir qu'ils ont l'œil tout-voyant de la Iuftice Diuine,qui ne les perd iamais de veuë, ils renuerfent le droiét,la raifon, & l'equité,pour en auoir , & à quelques prix que ce foit, le

rembourcer de l'achapt de leurs charges, exerçans vne tres noble profeſſion,
tres-mechaniquement:comme le boulanger, qui ſuppute en ſoy-meſme, combien le tas de farine qu'il rapporte du moulin, conuerty en pains, luy doit rendre d'argent. Ce mal toutesfois ne procede pas touſiours, pour ſon origine
premiere, de la part des Iuges : ains bien ſouuent de l'aſtute meſchanceté des
parties, ou de leurs Procureurs, qui ſe voyans mal fondez, n'eſpargnent argẽt
preſens, ny ſubmiſſion quelconque pour tirer le iuge à leur faueur, & ceux
qui luy aſſiſtent au iugement des proces que la Loy appelle *Comites Iudicum.*
Les Iuges toutesfois qui n'ont l'ame engourdie d'ignorance, & qui ont muny
leurs conſciences, auant s'embarquer ſur la turbulente Mer de Iuſtinian, du
precieux antidote de la vraye Philoſophie, ne ſont iamais ſuiects à l'air pe-
ſtilent de ces deux contagieuſes maladies, l'auarice & la corruption. Au contraire, ils ne viſent qu'à l'eſclairciſſement du droict , & à le conſeruer inuiolablement à ceux à qui il appartient. Cependant ces courratiers d'iniuſtice,
ne peuuent éuiter qu'ils ne reçoiuent vn iour deuant le tribunal du Iuge Eternel & incorruptible, la recompence que meritent leurs menées , qui conduiſent eux, les Iuges qu'ils corrompent , & la partie qui ſubminiſtre les preſens
à l'enfer. Quant aux ſubſtituts du Procureur du Roy, ſi aucuns ſe trouuent,
qui par malice ou extreſme ignorance de leurs charges, aggrauent les delicts
legers : ou font trouuer de peu d'importance les plus graues , corrompus &
empoiſonnez de la virulente peſte de concuſſion, ils ne doiuent par leurs concluſions, ſeruir de Loy ny de reigle au Iuge qui doit ſincerement eſtimer en
ſoy-meſme, que comme celuy qui peze les pieces d'or au tresbuchet, ſi de mau-
uaiſe foy il ſouffle doucement ſur la pierre , ou ſur l'or , il fait incliner la balance en la part qu'il deſire; de meſmes telles gens , pouſſez de la paſſion que
les preſens ou promeſſes ont gaigné ſur eux, taſchent de faire valoir leur opinion contre tout droict & equité: laſchans la bride à leurs conſciences , pour
embraſſer & preferer l'vtile à l'honneſte. Partant doit ſoigneuſement le Iuge
auoir l'œil de ſon integrité ouuert à voir ſi ce à quoy ils concluent , eſt iuſte
& equitable. Mais par la grace de Dieu noſtre France eſt exempte de ce mal.
Le premier qui promulgua Loix contre les concuſſionnaires , & ceux qui exi-
geoient indeuëment deniers de ceux qui auoient affaire par deuant eux , fut
L. Calphurnius Pio Triburnus Plebis. Cicer. in Brut. & lib. 2. offic. Deinde ſucceſſit lex
Cecilia, de qua Valer. Max. lib. 6. cap. 21. Poſt lata lex Seruilia à Seruilio Glaucia, de
qua Bediauus in oratione, proſchola mentionem fecit. Item lex Aſſilia , de qua Cicer.
act. 2. in Verrem meminit. Poſtremò lex Iulia, quam tulit Iulius Cæſar in conſulatu geſto
cum Bibulo, cuius meminit Cicer. in Vaticinium.

Les Iuges en ce crime ſont reſponſables de leurs Clercs , & les Procureurs
fiſcaux de leurs Subſtituts, *l. 1. ad leg. Iul. repetund.* L'accuſation du crime de cõ-
cuſſion eſt publique, & peut eſtre pourſuiuie par vn chacun, *l. iubemus, eod.* La
peine anciennement en proces Criminel, où ce crime auoit eſté commis, pour
perdre ou ſauuer l'accuſé, eſtoit capitale, *d. l. lex Iulia. & §. hodie.* Mais auiour-
d'huy tels Concuſſionnaires ſont punis à l'arbitrage des Iuges, *ll. 1. & 2. de con-*
cuſſion. l. ſi ab eo. ff. de calum. Authent. nouo iure. Cod. de pæn. Iudic. les vns condamnez à rendre le quadruple de ce qu'ils ont prins, les autres le ſimple. Aucuns
par Arreſts ont eſté condamnez d'auoir en preſence de la Cour, leurs robbes
deſchirees ſur les eſpaules auec tenailles : & apres quelques vns ſont demeu-
rez plus effrontez qu'auparauant.

Autre ſour-
ce de la
Concuſſion.

Les vrays
Iuges in-
corrupti-
bles,

En Concuſ-
ſion le Iuge
eſt reſponſa-
ble de ſon
Clerc.

Peine de ce
crime au
criminel.

Peine mo-
derne de la
Concuſſion.

LE CRIME DE PLAGE. §. VII.

Definition du crime de Plage
Crime de Plage meſlé auec l'adultere.

CE crime de Plage ou Plagiaire, tient du larcin, en ce que celuy qui le cō-met retient forcémét en ſa maiſon la femme, fille, fils ou eſclaue d'autruy & contre ſa volonté, *l. plagii, l. in fuga, l. quoniam ſeruos, l. ſi quis ſeruum fugitiuum ſciens, ad l. Flauiam, de Plagiar.* Ores qu'il tienne en pluſieurs cas d'autres cri-mes; car ſi la femme d'autruy eſt receuë, il eſt meſlé auec l'adultere; comme au proces de Martin Guerre. Si ce n'eſt que celuy qui à la femme d'autruy, l'euſt eſpouſee apres vne longue ablence du mary, qui induiſoit vne vray ſemblable preſomption de ſa mort, & qu'incontinent apres ſon retour elle ſoit renduë.

Auec le rapt

Mais s'il y a refus de la reſtituer, ce crime y eſt auec l'adultere. Il tient auſſi du rapt, ſi la fille d'autruy eſt retenuë, bien qu'elle ſoit de ſa libre volonté allée entre les mains de celuy qui la retient, & qu'elle ne s'en plaigné, *cùm tales vi-nentium liberorum miſerandas inſtigant parentibus orbitates, vlt. Cod. eod.* Il eſt meſlé

Auec le faux

auec le faux, ſi l'on vend vn homme libre pour vn eſclaue, *Deut. 24.* Finalemét

Auec l'actiō Aquiliane.
La peine de ce crime eſt arbitraire.

il tient de l'Aquiliane, ſi l'eſclaue ou l'enfant retenu par force dans la maiſon d'autruy, y meurt ou y eſt eſtropié, *l. legis. Flauia. §. vlt. eod. l. ſi fratr. Cod. eod.* La peine en eſt reduite à l'arbitrage du Iuge, ſelon la legereté ou atrocité du fait. l'accuſation de ce crime eſt permiſe à la mere & au frere, *l. ſ. Flan. de Plag. quia accuſatio eſt publici iudicii, l. plagii eod. & cuiuis è populo cōceditur, ll. I. C. 2. pub. iud.*

Acheoteurs d'enfans & qui les cha-ſtient & re-uendent comment punis.

Ceux qui acheptent ou dérobent des ieunes enfans pour les chaſtrer, ſoit pour s'en ſeruir de Ganymedes, ſoit pour leur conſeruer la voix pour la Muſi-que, ſoit pour les vendre & en faire traffic, comme l'on fait en Turquie, pour ſeruir d'Eunuques, ſont ſujects à la peine de ce crime, qui doit eſtre de la mort *l. vnic. Cod. de Eun.* Et ſemble que la peine que fit ſouffrir Hermotime à Panjo-nius, ſoit trop douce pour tels bourreaux, qui des hommes entiers & parfaicts, en font vn troiſiéme genre, de ceux qui ne ſont hommes ny femmes. Cē detes-ſtable Panjonius, qui faiſoit vn auare ordinaire traffic de telle marchandiſe, ayant acheté Hermotime, priſonnier de guerre, nay de noble & illuſtre fa-mille, le fit chaſtrer : & apres le vendit (dit Herodote.) Il fut preſenté à Xer-xes, aupres duquel ayant gaigné tant de faueur que d'eſtre l'vn des plus auācez

Hiſtoire remarqua-ble.
Liure 8.

de ſon Royaume : pendant que ſon maiſtre faiſoit la guerre aux Grecs, il vint en l'Iſle de Chio, en qualité de Gouuerneur : où ayant trouué moyen de tirer Panjonius & ſa famille au quartier, où il auoit choiſi ſon habitatiō, ſous pro-meſſes de vouloir reconnoiſtre ſon agrandiſſement, qu'il diſoit tenir de luy, le tenant en ſa puiſſance, apres luy auoir par vn long diſcours remonſtré le tort qu'il luy auoit faict, ſans qu'il euſt à ce eſté prouoqué par aucune injure ou offence procedante de ſa part, ains pouſſé de ſon auarice, il le contraignit de chaſtrer ſes quatre fils, & apres força les enfans de chaſtrer leur pere.

DE VI PVBLICA, ET PRIVATA. §. VIII.

La force pu-blique, & la priuee.

LA force publique, & la priuee, ſont traictees par les Iuriſconſultes ſous vn meſme tiltre : bien qu'elles ſoient fort differentes, car la publique ne peut eſtre commiſe qu'auec aſſemblée illicite, & port d'armes : ores qu'il y

aye apparence, que le chef de l'assemblée , ou entrepreneur de la force , aye
quelque legitime subiect de ce faire : soit pour recouurer quelque droict par
luy pretendu, ou autrement, § *.tem lex. Iulia. Institu. de public .iudic.* Le seul Iuge
Royal en peut connoistre, pour l'interest que la Maiesté du Prince, ou la Republique en reçoiuent ioinct la communication qu'elle a auec les crimes publics & plus atroces: comme l'arcin violent, volerie pillages, courses, seditions
rapt, adulteres, entreprises d'incendiaires, homicides, exactions, &c. qui ne se
peuuent executer sans assemblée, force, & port d'armes, *l. qui cætu. ff. ad l. Iul. de
vi. public. l. & cum eod.*

       ——— *veluti magno in populo cum sæpe coorta est*

       Seditio, sæuitque animis ignobile vulgus,

       Iamque faces & saxa volant, furor arma ministrat, &c.

Les Chefs de telles assemblées sont punissables, *l. 3. §. qui seditionem, ff. de re
milit.* soit qu'ils ayent concité le peuple par exhortations à sedition , ou par
cris extraordinaires, crians aux armes, ou commençans vne guerre ciuile, ou
estrangere , contre la volonté & commandement du Prince souuerain, ou
armans partie de ses subiects contre luy, assiegeans, battans , & prenans ses
villes & fortesses ouuertement (comme nous auons veu aux premiers &
seconds troubles ciuils ce Royaume) *ll. 2. & 3. ff. ad leg. Iul. maiest. l. 3. ff. ad
leg. Iul. de vi. public. l. 1. de fund. limitrvph. l. si quis ingenuam. §. in ciuilibus, ff. de cap.
& post lim. reuers.*

    La priuée, est celle qui se commet d'vn homme à vn autre seul, sans armes,
d §. item lex Iulia. Comme quand le creancier pour recouurer la somme à luy
deuë par son debiteur , de son authorité priuée, le vexe, tirasse, & contraint
par voyes indeuës. Ce qui est expressement prohibé, non seulement par la
disposition du droict, *l. fin. ff. ad legem Iul. de vi. priuat. l. extat. de eo quod met. cauf.*
mais aussi par ordonnance de Charles IX. publiée en l'année 1566. portant ex-
presses inhibitions & deffences aux creanciers, de n'assister aux executions
faictes à leur requeste, contre leurs debiteurs. De cette espece est dependante
la force commise à l'enleuemét, ou enuahissement des biens , meubles &
marchandises, que les marchands sont contraints ietter en pleine mer, lors des
eslancemens d'vn prochain naufrage : quand quelque chose est enleuée for-
cément, *l. 1 ff. eod.* Ou ceux qui accourét à vn embrasement de maison non pour
l'esteindre, mais afin que parmy la rumeur & le trouble d'esprit, où sont lors
les assistans, ils puissent desrober ce qui leur viendra en main. Ou ceux qui s'e-
stablissent forcement, en la possession de quelque maison & heritage, en detur-
bant & chassant le vray proprietaire & possesseur , seuls, ou accompagnez,
l. si quis ff. eod.

    Le Tuteur, qui vsurpe, retient, & occupe par force les biens de son pupil, *l.
Tutoris. Cod. eod.* La peine n'est que la confiscation de partie des biens de telles
gens, ou autre amende arbitraire, auec infamie, *l. 1. ff. eod. l. hoc iure. ff. de reg. iur.*

    Mais la punition de la force publique, comme tenant du crime de leze
Maiesté , ne peut estre moindre que de la mort contre les Chefs , s'ils ont
faict assemblée sans permission du Prince : bien que ce fust pour la conser-
uation de leurs biens & maisons , estans responsables des insolences faictes
par leur assemblée. Et est ce crime preuostable, par l'Ordonnáce de Henry II.
publiée l'an 1549. *Vide l. 1. & vltim. Cod. de seditio. d. l. qui cætu. l. crimen.* Et
sont coulpables de mesmes ceux qui les retirent. Vray est, que la principale

T i i 3

Le Iuge
Royal seul
competant
de connoi-
stre de la for-
ce publique.

Comme se
commet la
force priuée.

Autre espece
de force pri-
uée.

Troisiesme
espece de
force priuée.
Quatriesme
espece.

Cinquiéme
espece.
Punition de
la force pri-
uée.
La force
publique
capitale.

Preuostable.

peine doit tomber fur les chefs, *vt metus ad omnes, pœna ad paucos perueniat*, comme il eſt exemplifié, *2 Regum, cap. 18.* par le pardon que Iacob fit au peuple, *cap. vt conſtrueretur, 50. diſtinct.* En Tite Liue de Metius Suffetius, Chef de l'armée Albanoiſe, puny par Tullius Hoſtilius, *Vide Cicer. in orat. pro Cluentio. Valer. Max. de diſciplina militari. Tit. Cod. de ſeditioſis. Et de iis, qui plebem contra remp. audent colligere, & Boerium in tract. de ſeditio.*

L'homi-cide, ou meurtre ſe commet, ou

1 Auec la main par — Eſpées, Poignards, Piſtolets, Eſpieux, Arbaleſtres. — & autres genres d'armes offenſiues.

2 Auec la lágue — Par faux teſmoignage, Par conſeil, Par commandement de tuer.

3 Par conſentement — Auant l'execution du meurtre, En l'execution, Apres l'execution.

4 — Par ſignes, Par ſortileges, Par poiſon, Se tuant foy-meſme.

5 Permis pour — Guarantir ſa vie, Ses moyens, Son honneur, Ses parens & amis — contre — L'agreſſeur violent & Le voleur nocturne inconnu.

6 Eſt tenu — Le Seigneur à la deffence du vaſſal : *& contrà,* le ſeruiteur du maiſtre, Le fils du pere, le frere du frere.

7 Eſt permis — Au pere, de ſa fille adulterante, Au mary, du ruffien & adultere.

8 — En guerre ouuerte contre l'ennemy. Impunément eſt permis. — Au Capitaine, du ſoldat rebelle. Quand il y a Edict du Prince.

L'HOMICIDE.

Dignité de l'homme par ſa creation.

LE ſouuerain Recteur de ce grand vniuers, apres auoir emperlé le lambris de la voûte celeſte, de tant de lumieres brillantes qu'il y a attachées : remply l'air de diuers eſcadrons volans des oiſeaux : les eaux tant douces que ſalées des troupes de poiſſons eſcaillez : & la terre des reptiles, & autres animaux plus peſants : comme ſi toutes ces choſes admi-

rables n'euſſent eſté que coups d'eſſay de ſa Diuinité , il parfit ſon chef d'œuure au couple heureux de nos premiers parens , imprimant en eux le ſacré
caractere de la face Diuine, conioignant l'immortel , & le mort enſemble,
d'vne ſi eſtroite liaiſon, qu'il n'eſt permis à l'homme de les diſſoudre , ſoit
en autruy, où en ſoy meſme, à peine d'vn perpetuel banniſſement du Ciel &
des inimaginables ſupplices, que patiſſent les eſprits , priuez de la bien heu-
reuſe fruition de la grace celeſte. Mais le diable ennemy iuré du ſouuerain bié
de l'hôme, apres les auoir engourdis par la faineantiſe, enerué & apauury par
la paillardiſe pouſſé au larcin, ſacrilege, & volerie, pour ſoulaget ſa pauureté,
luy imprime finalement le meurtre, & aſſaſſinat de ſon ſemblable. Et à cette
cauſe a eſté appellé patricide, *cum parem occidat*, imitant le ſecond crime qui
aye iamais eſté commis au monde, par le fratricide Caïn, en la perſonne
du Iuſte Abel. Crime d'autant plus odieux , que l'homme qui ne ſçauroit
redonner la vie à vn ciron, ou à vne mouche morte, (qui ſont des moindres
animaux) conſpirant auec l'ennemy commun du genre humain , ſe iouë de
rauir la vie à ſon frere, tuant bien ſouuent d'vn meſme coup le corps & l'a-
me ſelon la diſpoſition de la conſcience de l'occis, demoliſſant en vn moment ce bel edifice, qui a eſté ſi curieuſement eſleué par la ſuite de pluſieurs
années, & deſuniſſant cette diuine conionction ſi eſtroitement vnie : crime
expreſſement prohibé par la Loy de Dieu , comme execrable , & qui ne tend
qu'à l'entiere extirpation des humains, *Exod.* 21. *& Deuteron.* 5. Et qui témoi-
gne (& ſuiuant ce qui eſt rapporté par le grand aigle celeſte en ſon Apocalyp-
ſe) que la voix du ſang des meurtris crie & demande vengeance deuant luy,
& que ſes Anges, meſſagers, & eſprits bien heureux rechercheront le ſang des
occis, des mains des meurtriers qui leur ont rauy la vie : *Paris de Puteo in tra-*
ctatu Syndicatus, Hippolyt. de Marſil. conſ. 7. Geneſis 4.

Auſſi outre la peine du Talion , qui eſtoit anciennement receuë en la punition de ce crime (*Dens pro dente, oculus pro oculo*, le droict Canon , qui traite fort humainement toutes autres ſortes de crimes , a iugé ceſtuy-cy digne
de la meſme mort, que le meurtrier a fait ſouffrir à autruy, eſtant bien raiſonnable & conforme à la parole de Dieu , que nous ne faſſions à autruy
que ce que nous voudrions eſtre fait à nous meſmes. En conſequence dequoy le Iuriſconſulte nous ordonne , *Quod quiſque iuris in alium ſtatuerit, ipſe*
eodem iure vtatur, *Valerius Maximus* en rapporte des memorables exemples,
lib 8. *cap.* 6. Et entre mille remarquables parmy l'antiquité, l'on void que les
meurtriers de Ceſar , & de l'Empereur Gordian furent tous maſſacrez dans
peu de temps apres, & moururent la plus part , de meſmes poignards dont
ils les auoient aſſaſſinez.

En l'vne des Loix des douze tables , eſtoient expreſſement enregiſtrez ces
mots, *Si membrum rumpſit, nec cum eo pacit, talio eſto.* Et la parole ſaincte , *Eadem*
menſura , qua menſi fueritis, remetietur vobis. Et le meſme eſtoit contenu au *Gen.*
9. *& Apocalyp.* 13. Et le Iuge qui diſſimule la punition des coulpables , &
laiſſe les crimes impunis , doit eſtre chaſtié de meſme peine que le criminel
qu'il aura épargné. *l. vet. C. ne ſanctum baptiſma iteretur.* La ſeuerité neantmoins
de la peine du Talion a eſté obrogée, par la douceur du droict pretorie: mais
non en intention de donner impunité aux malefices, notamment à l'homicide
qui ſe commet en diuerſes ſortes. comme a remarqué la Loy premiere *ff. ad*
legem Cornel. de ſicar. que i'ay inſerée , parce qu'elle ſert de ſuiet à ce chapitre.

Lege Cornelia de ficariis & veneficis, tenetur, (dit Marcian) qui hominem occide-rit, cuiufue dolo incendium factum erit hominis, quine occidendi, furtiue faciendi caufa, cum telo ambulauerit: Quine cum Magiftratus effet, publicoue iudicio preæffet operamue dediffet, quo quis falfum iudicium profterentur, vt quis innocens conueniretur, condamnaretur. Præterea tenetur, qui hominis necendi caufa venenum confecerit, de-derit, quine falfum teftimonium dolo malo dixerit, quo quis publico iudicio rei capita-lis damnaretur: quiue Magiftratus, Iudexve quæftionis, fub capitalem caufam peciniam acceperit, vt publica lege reus fierit, & qui hominem occiderit, punitur non habita differentia cuius conditionis hominem occiderit.

Diuerfes for-tes d'homici-des remar-quez par la Loy.

PAr le texte de cette Loy, fe voit qu'il y a des meurtriers de diuerfes efpe-ces : car il fe commet ou auec la main de l'homme, auec armes, ou inftru-mens propres à offencer, ou auec le feu, ou le poifon, ou par fignes, ou par for-tileges, & enchantemens, ou par faux témoignages, ou par la corruption, & concuffion du Iuge, qui prefide au iugement du criminel.

I.
Diuerfes ef-peces & in-ftrumens du meurtre.

Auant que toucher particulierement les poincts de la Loy fus posée la pru-dence des Iuges fera aduertite, que le droict, & l'intention des Empereurs, & Iurifconfultes a efté en haine de ce crime, de punir non feulement l'homicide commis, perpetré, & accomply, & par lequel la mort du vulneré s'en eft en-fuiuie : mais auffi l'affection & volonté de tuer, manifeftée par les indices ex-terieurs, côme quãd le meurtrier d'aguet, pourpensé, armé d'efpée, poignard, piftolet, ou arquebufe, attend celuy, contre lequel il a querelle, en lieu, où il le puiffe facilement opprimer, ou luy fait dreffer embufches à mefmes fins, veu que telles voyes font appellées delict en droict, & puniffables comme l'effect, *l. propter infidias. C. acufat. l. is, qui cum telo. & ibi Hyppolit. de Marfil. C. ad l. Cornel. de ficar. c. is, qui cum telo de pœnit. dift. I. l. diuus ff. eod. l. cum facta §. euentus. ff. de pœn.* Parce que l'acte eft tenu pour parfait, & accomply, quand il n'a tenu à celuy qui l'a voulu faire, qu'il ne l'aye entierement mis à execution, y ayant pour cét effect employé fa force & induftrie, *l. de pupillo §. fi is, cui renunciatur, ff. de oper. noui nunc. l. I. §. diuus ff. ad leg. Cornel. de ficar.*

Non effe Elus ratum, fed affectus in homici-dio puni-tur.

Ce qui doit rendre aux Iuges ce crime plus odieux, eft le refpect de qua-tre, qui y font griefuemét offencez, Dieu le premier, tant par la tranfgreffion de fon commandement qui y eft violé, que de ce que fa creature eft violen-tement priuée de la vie, & de l'exerce des loüables & vertueufes actions que l'occis euft peu faire, s'il euft plus longuement vefcu.

Quarte con-fiderations qui doiuent mouuoir le Iuge à la pu-nition de ce crime.
L'offence de Dieu.

Le Prince, & la Republique le fecond, que l'homicide priue de la prefen-ce & affiftance d'vn bon fubiet & citoyen, *interift enim Reipublicæ. refertas effe liberis hominibus ciuitates, l. 2. C. de indict. vidnit. coll. 2. C. de manumiff. l. I. ff. folut. mat. im. l. cum ratio naturalis. ff. de bon. damnat.*

L'offence du Prince, & de la Republi-que.

Le troifiéme, font irreparablement offencez, les peres, meres, freres, & au-tres proches parens de l'occis : les pere & mere, s'ils font viuans, parce qu'ils font priuez d'vn legitime fucceffeur en leur hoirie, & de fa race future, en laquelle ils efperoient fe perpetuer aucunement : *Authem. de nupt. §. r. coll. 4. h. liberorum. ff. de verb. & rer. fignif.* & le furplus des parens, parce que l'iniure faite à l'vn de la race, redonde à tous, *l. 3. ff. de liber. cauf. l. capital §. famofos ff. de pœnis.*

L'offence des parens de l'occis.

Le quatriéme, l'occis qui eft priué de la vie, chofe la plus precieufe qu'il euft au monde, & auec laquelle il n'y a rien de comparable.

L'offence à la perfonne de l'occis.
Diuerfes for-

L'homicide fe commet de la main en plufieurs fortes, foit par infinuation,

affaut

affaut, inflictions violentes : auec l'efpée, poignard, maffe d'armes, efpieu hal- *res d'homici-*
lebarde, arbalefte, iaueline, flefche, &c. foient telles armes de fer, cuiure, bois *des commis*
plomb, harquebufe, piftolets, &c. par percuffion d'vn jet de pierre, precipita- *de la main*
tion du haut d'vn baftiment, ou d'vn rocher en vn precipice, en faifant noyer
ou fubmerger, eftouffant ou eftranglant la perfonne, ou l'offençant en forte
que la mort s'en enfuiue : *l. qui actione. §. occiforum, ff. ad S. C. Syllan. l. 1. §. diuus*
Adrianus, ff. de ficar. l. is, qui cum telo. C. eod.

L'on a douté fi en vn tumulte & affemblee de perfonnes qui s'entrebat- *Si quis fit*
tent, l'vn d'entre eux eft bleffé à mort, & en meurt, fi tous font folidairement *in tumultu,*
tenus de la mort du deffunct: *præfertim cum incertum fit, cuius ictu percuffus in-* *aut rixa*
teriit. Pour la dicifion de cefte queftion, afin d'obuier à prolixité, à caufe de *percuffus,*
diuerfes diftinctions qui y font, *Voyez Bartole in l. fin. incip. fi in rixa. ff. ad. l.* *omnes in*
Cornel de ficar. où il decide auffi, fi en mefme affemblée plufieurs font tuez, ou *folidum te-*
bleffez, fi c'eft vn mefme, ou diuers crime. *Voyez encor le mefme Bartole in l.* *netur.*
vt vim, ff. de Iuftit, & Iur. & in repetit. l. 2. Cod. vnde vi. où il traitte le meurtre
commis par le furieux, l'enfant, l'aueugle, &c.

L'Homicide fe commet par la langue, en quatre fortes : par faux & con- *II.*
trouué tefmoignage, par confeil, & fugeftion de meurtrir, par com- *Homicide*
mandement forcé de ce faire, & par iniuftice & inique condamnation à la *commis par*
mort. Quant aux faux tefmoin, parce que felon le Canon premier, *extr. de crim.* *la langue.*
falf. il offence Dieu tout puiffant, duquel il mefprife la prefence ; le Iuge, le- *Par faux*
quel il trompe, par fon periuré menfonge ; & l'innocent qu'il perd par fon *tefmoigna-*
faux tefmoignage : il doit eftre puny de triple peine, du periure, du faux, & *ge.*
d'homicide : par confifcation de tous fes biens, & perte de la vie : *l. 1 ff. ad l.* *Punition du*
Cornel. de ficar. ibi qui ve falfum teftimonium dolo malo dixerit, quo quis publico *faux témoin,*
iudicio rei capitalis damnaretur, text. in c. periculofe. de pœnit. diftinct. 1. Bald. in c.
1. §. iniuria. in fin. de pace iuram. firm. in vfib. feudorum. Alexander in apoft. ad
Bart. in d. l. 1. & doit fubir la mefme peine, que celuy, contre lequel il depofe
fauffement, euft fuby, fi fon tefmoignage euft efté veritable : veu que ce n'eft
le Iuge qui condamne l'accufé, mais les tefmoins ouys és informations, par
leurs depofitions, fi tant eft qu'au recol & confrontation ils perfiftent, & les
fouftiennent aux accufez. *Homicide*
par confeil,
L'homicide fe commet par confeil, toutesfois & quantes que l'on peut
recueillir par veritables arguments, que l'homicide n'euft iamais perpetré le
meurtre, fans ce qu'il y euft efté pouffé, par l'aduis, confeil, & exhortations
de celuy qui l'a inftigué, qui n'eft pas moins coulpable que luy. Comme nous
voyons, que la mort de noftre Sauueur & Redempteur eft imputée aux Iuifs,
ores qu'ils ne l'euffent condamné : d'autant que par leurs fuafions, exhortations, & faux tefmoignages, l'infidele Preteur Romain le condamna, & fit
crucifier par fes gendarmes: ce qu'autrement il n'euft fait *c. ficut dignum. §. quia*
vero iuncta gloffa in verbo confilium, extr. de homicid. c. fin. eod. lib. 6. c. fi quis vi-
duam. 50. dift. c. noli. & c. periculofe. de pœnit. dift. 1. vide Ioannem Barberium in
fuo iuris viatorio, rubric. de homicid.

Celuy qui de fon authorité, a commandé à autruy de tuer & affaffiner,
& fuiuant fon commandement le meurtre a efté commis, eft puniffable de *Homicide*
pareille peine que l'homicide, *Bart. in l. fi per alium. ff. ne quis eum qui in ius* *par comman-*
vocat. l. fed & fi vnius. §. fi feruus. & ibi Alexand. ff. de iniur. Bart. in l. fi feruam, §. *dement,*
Prætor, ait ff. de acquir. hære. Bald. in c. 1. vlt. column. quib. mod. feud. amit. Alexand.

l. si quis id,quod.ff.de iurisdictione omn. Iud.Angel. Aret in tractatu insigni malefi-
ciorum. in verb. Sempronium mandatorem , que ie prie affectueusement le Lecteur de voir , pour les belles & rares questions qui y sont traictées, *Vide Fe-*
linum in c. muliores de sentent. excommunicat. Hippolyt. de Marsil. singu.181. incip.
mandans fieri homicidium. Arrest de Paris de l'année 1599. contre vn soldat de
Forests nommé la Violette, qui fit tuer dans Paris du Rozier Chastellain de
Feurs, par son seruiteur : qui fut rompu sur la roüe, & luy apres prins dans
Donzy (à l'ayde du sieur de la Forge Chastellain,du lieu, homme fort zelé au
bien de la Iustice) & conduit à Paris en diligence , y sut executé & puny de
mesm: supplice que celuy,auquel il auoit commandé le meurtre.

L'Homicide est dit commis par consentement, quand le meurtrier est assisté auant le fait,en l'execution d'iceluy , ou apres;par celuy, ou ceux qui
pour le commettre luy ont presté aide & faueur. Auant l'execution du faict,
comme quand il se verifie qu'ils luy ont presté argent , armes , cheuaux ou
hommes pour l'assister *l. 4.ibi cuiusve opera.ff.ad l. Iul Maiest.l.si pignoris.§. cum*
furti in verb.qui sarramenta ff.de furt. l.1.& l.verum ff.ad l. Pompe am.de parricid.
l.qui domum.ff.ad l. Iul.de adult.l.nihil.interst. ff. ad l. Corn.de ficcar. & l.fin.de re-
*ceptator.*En l'execution du faict,quand celuy qui est amy du meurtrier l'assiste,
se ioinct à luy,& luy facilite par son assistance l'execution du meurtre ou homicide,*l.1 C.de rapt.virginis.c.sicut dignum,§.1. extr. de homicid. l. item Me a.§. si*
alius ff.ad l.Aquil. Apres le faict sont coulpables ceux,qui retirent l'homicide
en leurs maisons,luy assistent de moyens,empeschent qu'il ne soit apprehendé par la Iustice,& le recelent,*l.is cuius ope ff.ad l. Iul.de adult.l.1. C. de his, qui*
latrones , vel aliis criminibus reos occultarunt , d.l.1. ff. receptat. Ce qui ne se
doit entendre des Aduocats qui donnent conseil au criminel,*l.per omnes,C.de*
d fensor.ciuit.l.custodias.& ibi Bart.ff.de public.iudic. l. si postulauerit. §. quaestioni-
bus ff.ad l.Iul.de adult.

CEluy aide à l'homicide,par signe de demonstration,qui enseigne le lieu,
où est caché,ou s'est retité celuy, qui en apres est occis:ou qui luy monstre le chemin: ou luy persuade de passer par le lieu, où il sçait que l'on luy
doit dresser l'embuscade,où il est attendu par ses ennemis, *l. item si obstetrix,*
ibi quemadmodum ff.ad l. Aquil l.cuiuscumque.ff.ad l. Iul.Maiest.

Celuy qui par sortileges magiques, au moyen de l'accointance qu'il a auec
les diables pour se venger, ou autrement, fait mourir vne personne,ne doit
euiter la mort par le feu, qui est employé pour l'expiation d'vn tel forfaict,
où l'hommicide est ioinct au sacrilege. Et de mesme peine sont punissables,
ceux qui par noüement desgueilletes,ou autres ligatures, empeschent la consommation des mariages:ou donnent caracteres & breuets au filles , ou femmes,pour les empescher de conceuoir , où leur font perir le fruict,dont elles
sont enceintes,*C.si aliquis , extr.de homicid.l.si quis aliquid, §. qui abortionis, & ibi*
DD. de pœnis.l. eorum.Cod. de malefi. & mathemat. Vide Paulum Grillandum in
tract.de sortilegiis,2.3.& 11.quaest. c.2.& vlt.de sortileg. can.illos. 26.quaest.2.Marti-
num del Rio Disquisitionum magicarum lib.6.& Ioann.Bodinum in Demonomania.

Finalement se commet l'homicide par poison, ou venin, soit que le
poison puluerisé soit meslé dans les viandes, ou breuuage : soit que l'Em-
poisonner donne les herbes venimeuses, comme la Ciguë , Mandrago-
re, &c. ou bestes, comme la Salemandre , les Cantharides, &c. en quelque
sorte que ce soit. Le coulpable de ce crime est punissable de mort comme

traiſtre & homicide, *cùm plus ſit hominem extinguere veneno, quàm gladio. l. 1. & l. 3 C. ad l. Cornel. de ſicar. & veneſic. l. 1. C. de maleſic. & mathemat.* De pareille peine ſont puniſſables tous ceux qui vendent tels poiſons , à fin que quelqu'vn en ſoit empoiſonné qui les preparent & appreſtent, & qui les acheptent & gardent à cét effect: *d. l. 1. & 3.* Battole *n. l. eiuſdem ad l. Cornel. de ſicar.* traicte de trois ſortes de poiſons, dont la premiere eſpece eſt de celuy , qui bien que nuiſible de ſoy, eſtant neantmoins meſlé auec autres drogues, eſt proffitable à la ſanté. Et de cette eſpece eſt permis vſer aux Apothicaires, Chirurgiens, & Mareſchaux; moyennant qu'ils n'en abuſent, *l. quod ſæpe, §. veneni, ff. de contrabend. empt. & vend.* mais nõ des autres , qui ne ſont preparez que pour la ruine & extinction de l'homme, *Vide Tit. Linium deciſ. lib. 2. vbi tractat de centum ſeptuaginta mulieribus Romanis vltimo ſupplicio affectis propter venenum ab eis maritis, vicinis, aut parentibus præſtitum.* Et d'autant que lEſcriture ſaincte appelle la femme compagne de la maiſon diuine & humaine, & que la perſonne du mary luy doit eſtre ſaincte & reſpectable, ſi elle s'eſſaye de l'empoiſonner , elle eſt puniſſable de la peine des parricides, *l. vlt. C. ad l. Corn. de ſicar.*

Quel poiſon peuuent eſtre gardez & mis en œuure,

L'homicide de ſoi-meſme eſt ſuiect à plus griefue punition, que l'homicide d'autruy: d'autant que le meurtrier d'autruy ne tuë que le corps, n'ayãt pouuoir de nuire à l'ame: mais celuy qui ſe tuë ſoi meſme , tuë le corps & l'ame; & partant, comme plus coulpable, doit eſtre plus ignominieuſement pendu que les autres homicides, *l. l. berorum, §. non ſolent. & ibi gloſſ. ff. de his qui not. infam. c. Iudas de pœnit. diſtinct. 3.* qui porte que Iudas offença plus griefuemẽt en ſe faiſant mourir, qu'en vendant & trahiſſant le Sauueur du monde: *c. ſi non licet. 23. q. 5.* Et non ſeulement ceux qui de certaine ſcience, & propos deliberé ſe ſont donnez la mort; mais auſſi ceux qui ce ſont eſſayez de ce faire , *& eis occurſum fuit,* ſont pareillement coulpables, *l. ſi quis, §. vltim. ff. de pœn.* Vide chaſſanæum in conſuetudines Ducatus Burgund. in verb. des Iuſtices & droicts d'icelles. Auſſi l'Egliſe à bon droict deſnie la ſepulture à tellés gens qu'elle tient pour excõmuniez: *d. c ſi non licet, & c. placuit. 23. q. 5.* Et de meſme l'antiquité payéne a tenu tel acte pour damnable, comme a remarqué Virgile en ſes Enfers.

Homicide de ſoy meſme.

> *Proxima deinde tenent mœſti loca , qui ſibi lethum*
>
> *Inſontes peperére manu , lucémque peroſi,*
>
> *Projecére animas ; quam vellent æthere in alto,*
>
> *Nunc & pauperiem, & duros perferre labores, &c.*

Æneid. lib 6.

Toutesfois la rigueur du ſupplice de ceux-ci ne s'eſtend ſur ceux qui pouſſez de manie, freneſie, ou autre maladie corporelle, ſe ſont tuez, auſquels n'eſt déniée la ſepulture; ains l'Egliſe les reçoit, & prie pour le ſalut de leurs ames. *Item qui tædio vitæ, aut impatientia doloris, ſibi mortem conſciuerunt, cum eis poſt mortem mitiùs agitur.* Bref, s'il n'y a mine, ou contrainte d'ailleurs , il a eſté iugé que le corps ne doit eſtre mis au Cimetiere, & neantmoins les biens ne ſont confiſquez au préjudice des enfans: ſinon en crime de leze Maieſté. *Voyez le Caron l. 7. c. 115.*

Homicide de ſoy meſme excuſé par la Loy.

Le iuge qui a à faire le proces à vn corps mort, qui s'eſt homicidé, doit commencer par le procez verbal du lieu ou le defunct a eſté trouué s'eſtre pendu, ou autrement tué, faire viſiter le corps par Chirurgiens: informer à la requeſte du Procureur du Roy, ou d'Office, de la vie & mœurs de celuy qui s'eſt occis, & comme il s'eſt precipité à la mort; s'il eſtoit furieux; malade, ou ſain: & de la cauſe pour laquelle il s'eſt defait. Apres fera appeller ſes plus pro

Forme de proceder à la facture du procés du corps de celuy qui s'eſt homicidé ſoy-meſme.

ches parens & heritiers, à son de trompe, pour luy pourvoir d'vn deffendeur. Eux non comparans, il creera vn Curateur au corps, contre lequel il instruira le Proces du deffunct : l'interrogeant sur le procés verbal, charges & Informations: recolera les tesmoins, & les confrontera au Curateur, qui alleguera tout ce qu'il luy sera possible, pour la iustification du mort : donnera ses attenuations, contre les conclusions du Procureur du Roy, ce faict, iugera le procez, *Voyez la Loy finale, de bonis eorum, qui mortem sibi consciuerunt. Gallum quaest.56. & quaest.138. Robertum rerum iudicatarum. lib. I. cap. 12. Arrest du grand Conseil du dernier Mars, 1551. Papon. Baquet au traicté des Iustices, chap. 7. le Caron liure 9. de ses responses chap.51.*

Bien que la Loy, *defuncto. ff. de public. & l. poena alicui, ff. de poen.* deffendent d'executer supplice contre vn corps mort: si est-ce neantmoins que le contraire se practique pour l'emornité du malefice: Et ainsi, apres les Arrests *alleguez par Papon au tiltre 14. du 24. liure de son Recueil*, a esté iugé par Arrest de Paris, *du 15. iour de May* 1604. pour le supplice executé au corps mort de Nicolas l'Hoste, qui s'estoit noyé en la riuiere de Marne, estant poursuiuy, & *conscientia ductus* d'auoir trahy le Roy, & descouuert ses secrets à l'Espagnol.

La peine de l'homicide est de la mort, par le dernier supplice : au Noble par l'espée, au roturier par le licol.

——*nec enim lex aequior vlla est,*

Quàm necis artifices arte perire sua.

Les textes sont expres, *in l. nemo deinceps, ibi homicida quod fecit semper expectet. de Episc. aud. l. eiusdem, §. legis Cornel. de sicar. l. quoniam multa. C. ad l. Iul. de vi. public. l. vnic. ibi & merito mortis damnantur supplicio, C. de rapt. virg.* Et

ne doit la peine estre allegée par la qualité du delinquant : soit de Noblesse, antiquité de race, ou autrement, veu que tels grades & honneurs demeurent obscurcis par la grauité du delict, *l. I. C. vbi Senat. vel clariss. ciui. vel cri. con. & ibi glos. in verb. excludit.* si ce n'est que l'accusé aye obtenu grace du Prince, sur la veritable exposition du faict, sans obreption ny subreption quelconque.

LA Loy Ciuile toutesfois, & la Loy naturelle, ont permis l'homicide de quatre diuers cas. Le premier, lors que l'on se deffend pour garentir sa vie, contre les aguets & violente inuasion de son ennemy, que l'on ne peut autrement euiter, sans estre tué. Le second, quand il s'agit de la necessaire deffence de nos biens, que l'on nous rauit & emporte violemment. Le troisiéme, pour la tuition, manutention, & deffence de nostre honneur & entiere reputation. Le quatriéme pour sauuer nostre proche parent, ou intime amy, lequel sans nostre secours ne pouuoit euiter la force qui luy estoit faicte, & par consequent d'estre meurtry: tous lesquels cas, s'appellent deffence forcée & necessaire.

Quand au premier, il est certain que celuy qui est attaqué & enuahy, a loy de se deffendre *Generi omni animantium* (dit Ciceron) *est à natura tributum, vt se vitam corpusque tueantur.* L'inuasion est, lors qu'vn homme audacieux, portant sur luy armes offensiues par paroles, & puis par effect, s'essaye d'offencer autruy: & tel aggresseur ne doit estre exempt de punition: bien qu'il n'aye blessé ny offencé personne. *Bart.in l.7 §.I. ff. de vi & vi armat. Angel. Arer. in tractatu maleficiorum sub gl. dictus Andrea armatus. Hyppolitus de Marsilus super tit. ff. ad l. Cornel. de sicar. sub. l. si in rixa.* Si donc en repoussant la force d'vn tel homme effronté, transporté de colere, l'assailly le tue, il est sans offence, n'en meritant aucune punition. *l.i qui aggressorem, & ibi Bart. Bald. &*

Hypolit.de Marsil.C. ad leg.Correl. d. ficcar.l.scientiam §. qua cum aliter , ff.ad leg.Aquil.vt vim. ff.de iust. & Iur.l. sed vt partus.§ fin.ff.quod met.caus.Clement. vnic.de homic.l. 1.C. vnde vi. estant vne loy de nature , *quod quisque ob tutelam sui corporis fecisse dicatur.l. vt vim.ff.de iust.& iur.*

Cette maxime toutesfois , bien que confirmée par la decision & difpofition de tant de loix,pour eftre purement valable,doit eftre accompagnée de
plufieurs remaquables circonftances. Car il faut que l'affailly propofe par
fes refponfes perfonnelles , apres verifie deuëment qu'il a efté aggreffé par
l'occis,de telle forte, fi furieufement , & reduit à telle extremité, que s'il ne
l'euft tué il luy euft efté impoffible d'euiter la mort : car fi luy-mefme eftoit
aggreffeur ; ou auoit mis le premier la main aux armes , il ne pourroit pas fe
couurir de la neffaire deffence de fa vie, *d. l. qui aggreßorem.& ibi. Hippolyt.
de Marfil. d.l. fcientia , §. qui cum aliter. Ludouicus Romanus fingularium , fingularium fingulari.28. incipient. accufatus de homicidio. Iafon in l. vt vim.ff. de Iuftit.& Iur.l.idem.§. qui armati,ff. de vi & vi armat.* *Excep I.*

Secondement , fi fuyant il a peu euiter de commettre l'homicide,il en de- *Except II.*
meure plus chargé ; neantmoins s'il propofe qu'il luy a efté impoffible de ce
faire pour n'auoir eu l'efpace ny le temps, eftant extrememeutpreffé par l'inuafion ou aggreffion de fon ennemy, il demeure fans coulpe, *Bald. in d.l. vt
vim.ff. de iuftit. & iur.d.Clement. vnic.de homic. & ibi. Petrus de Auchar.textu
in c.l.23.q.1.Bar.in d l. vt vim.Idem Bart.Angel.& Salicet.in l.1.C.vnde vi
Antom.de Burrio in c. oltum de reftit. ffoliar Abbas in c.fignificafti de homicid. in
antiq.Alexander conf.119.coll.3.vol.1.Faber in §. ius gentium Inftit. de iur. na-
tur.gent.& ciuils.* Ioinct qu'aucuns font de telle qualité, qu'ils auroient plus a-
greable la perte de leur vie, que d'engager & ternir leur reputation,par vne
hôteule fuite tels que fe font les vrays Gentilshommes,& ceux qui ont toute
leur vie faict profeffion des armes : veu qu'entre eux, la vie & la reputation
cheminent d'vn mefme pas , & ne veulent que l'vne furuiue à l'autre,fuiuant
ce qu'en determine la loy *iuxta.ff. de manumiff.viud.l.Iulianus, ff.fi quis omiffa
cauff.refta.d.l. vt vim.coll.fin.*

Troifiémement,qu'il aye commis l'homicide , dés l'entrée de l'inuafion & *Except. III.*
aggreffion, & non vn long-temps apres , à fin qu'il ne femble que d'aguet
pourpensé,& de propos deliberté , il euft tué fon ennemy, pour fe venger de
luy : car la vengeance eft prohibée,non la iufte deffence de la vie,*l. nullus C.de* *La vengea-*
Iudæis,& cælicol.l.3 §.eum qui.ff. de vi & vi armat. Ce qui fe doit entendre, *ce eft pro-*
pendant le temps que dure le conflict,& auant qu'ils foyent feparez l'vn d'a- *hibee , non*
uec l'autre,*l. quod ait lex.§ fin.ff. ad lg. Iul. de adult.* *la deffence.*

Finalement, faut qu'il verifie, qu'il a commis l'homicide (à fon grand re *Except IV.*
gret) auec la plus grande moderation qu'il luy a efté poffib'e : ce qui refulte
s'ils fe font battus auec armes pareilles,fans qu'il fuft en ce fuperieur à l'aggreffeur : s'il ne s'eft mis en deuoir d'offencer, qu'apres auoir efté affailly & *Circonftan-*
qu'il n'aye point excedé le deuoir d'vne iufte deffence. L'on a toufiours efti- *ces remar-*
mé fur l'inégalitédes armes,que celuy qui eft affailly à coups de baftô fe peut *quables.*
deffendre de l'efpée : & quant aux menaces , qui procedent fouuent l'aggref-
fiô,elles ne font fuffifantes pour couurir l'homicide, fi l'engreffeur ne s'eft efforcé de les mettre à execution,*Cyn.in l.1.C. vnd.vi.Bald.in l.ad inuidiam.C.d.* *Aduis au*
quod met.cauf.Ang.Aret.in §.ius aut. gentium.Inft.de Iur. nat.laf.ind l.vim.n.14. *luge pour*
Quand tous les deux qui ont combattu enfemble en duel fe trouuent, *ce.*

gnoiſtre qui des deux bleſſez en duel a eſté l'aggreſſeur. fort bleſſez: & que l'vn & l'autre deſnie d'auoir eſté l'aggreſſeur, aſſeurant que ce qu'il a faict n'a eſté que pour la deffence de ſa perſonne ; le Iuge empeſché par telle voye, de cognoiſtre vrayement qui eſt l'aggreſſeur doit conſiderer que le plus griefuement bleſſé eſt preſumé auoir commencé la querelle, & l'autre ne l'auoir offencé qu'en ſe deffendant, *argum. l. ſcientiam, §. cum inſtrumenta ff. ad leg. Aquil. Alberic. in d. l. vt vim ff. de Iuſt. & Iur.* Dequoy il s'eſclaircira encor d'auantage, ſi s'enquerant des humeurs de l'vn & de l'autre, il trouue au vray que ce ſoit celuy qui ſoit le plus ſeditieux, & querelleux, *l. vel vniuerſorum ff. de pignorat. act. l. qui ſemiſſes. ff. de vſur. l. fin. ff. de action. & oblig.*

Le ſecond cas, où l'homicide peut eſtre impunément commis par la Loy eſt la neceſſaire deffence de nos biens ; comme quand la nuict vn voleur eſchelle nos maiſons, & entre, ou faict fracture de portes, pour en auoir l'entrée, ou les ouure auec crochets : ou leue le ſeul bas de la porte, pour paſſer deſſous, en intention de nous voler ; il peut eſtre impunément tué par le maiſtre de la maiſon : ou celuy qui y commande en ſon abſence, *l. furem nocturnum ff. ad leg. Cornel. de ſiccar. l. itaque. §. lex. ff. ad leg. Aquil. cap. ſi perfodiens extra de h micid. argum. lib. ſed & ſi quemcumque, ff. ad leg. Aquil. quam legem allegat Diuus Thomas ſecunda ſecundæ quæſt. 64. art. 7. lib. 1. & ibi gloſ. & DD. C. vnde vi Bart. in l. vt vim ſupr. alleg Angel. Aret. in tractat. maleſic. in verb. & dictus Tiſtius ſe defendendo.*

Ceſte propoſition-neantmoins, comme la precedente, a diuerſes circonſtances. Car en premier lieu, pour rendre tel homicide impuny, il faut qu'il ſoit faict pour la deffence de ſoy, ou de ſon bien: parce qu'autrement, & s'il n'y auoit point d'attentat, il ne ſeroit permis de tuer vn homme, quelque larron qu'il fuſt : meſmes s'il ſort du lieu où il eſtoit entré, ſans force ny violence, ſans en emporter aucune choſe, *d. l. furem, & ibi gloſ. & Bartol.* Secondement lors que tel larron eſt deſcouuert, le maiſtre du logis aye crié au larron, ou au voleur, appellant à l'ayde ſes voiſins : parce que tel cry efface tout ſoupçon que l'on pourroit conceuoir d'vn homicide clandeſtin ou de guet à pend, *l. itaque. ff. ad leg Aquil. Hippolyt de Marſil. in d. l. furem.* Tiercement que luy, ny aucun des teſmoins qu'il a appellez à ſon ayde, ne cognoiſſe le larron: parce que s'il eſt recogneu en preſence de teſmoin, on doit le faire conſtituer priſonnier, faire informer de l'excez, & pourſuiure en Iuſtice; & non la faire de ſa main: ſinon qu'il fuſt tellement armé, fort, & accompagné, qu'il fuſt impoſſible de reſiſter à ſes efforts, *Bart. in d. l. furem.* Finalement eſt requis de iuſtifier, qu'on ne l'aye peu apprehender, *d. l. ſed & ſi ad l. Aquil.*

Par meſme ſuitte de raiſon, il eſt permis de tuer le voleur incogneu, qui en plein iour entre en noſtre maiſon, auec autres offenſiues en intention de tellement ranger par force le maiſtre d'icelle à ſa volonté, qu'il luy ſera loiſible de le voler, & emporter ſes biens par force, s'il ne le peut autrement, ſans peril de ſa vie & de ſes biens, chaſſer hors ſa maiſon, *l. itaque & d. l. ſed & ſi quacumque, d. c. ſi perfodiens extr. de homicid.* La raiſon qui a meu les Empereurs & Iuriſcôſultes de permettre l'homicide du voleur nocturne, eſt que l'on ne ſçait s'il eſt venu pour deſrober ſeulement, ou pour aſſaſſiner ceux qui ſont en la maiſon, où il eſt furtiuement entré. Ce qui ſe recognoit toutesfois, ſi lors que l'on crie au larron, & à l'aide, il prend la fuite : car c'eſt ſigne qu'il n'auoit qu'intention de deſrober : & en ce cas il ne doit eſtre pourſuiuy pour le tuer. Mais ſi apres tel cry il demeure ſans s’eſtonner, il a conçeu le meurtre dans ſon ame: & lors bien qu’il ne ſe mette encor en deuoir d’aſſaillir;& qu’il n’aye la main aux armes,il eſt permis de le tuer, *d.l.ſurem, cum ll.ſup. alleg.* Mais il ne raut vſer de ſi violentes pourſuites, contre le larron qui deſrobe des choſes de peu d’importance: comme poires, pommes, noix, raiſins, &c. Car pour choſe de ſi peu, la vie d’homme ne luy doit eſtre rauie, *hæc enim minima non ſunt in conſideratione, l. Scio. ff. de in integr.reſtit.omnino ff.de impenſ.in reb.dot.faEt cap.licet cauſam.in verbor.nulla vel modica.extr.de probat.Hippolyt.de Marſil.in l. ſi vt allegas. Cod. ad leg. Cornel de ſiccar.*   — Larcin leger

Le troiſiéma poinct concerne la conſeruation de l’honneur, qu’il eſt permis de deffendre au peril de la vie:comme le ſoufflet, coups de baſton,iniures attroces,& qui bleſſent à iamais la reputation:notamment ſi telles choſes ſont faictes du moindre au plus grand, comme d’vn artiſan mecanique, à vn homme d’honneur,d’vn ruſtique villageois, à vn gentil homme:qui patiſſant telle iniure,ſe bannit pour iamais (pour l’infamie qu’il reçoit) de toutes bônes compagnies. *Hippolyt.de Marſil.in l. 1.n.49 ff.ad leg. Cornel.de ſiccar.l.in Fla ff de manumiſſ.vnidiEt.l.Iulianus.ff.ſi quis omiſſ.cauſ.teſtam.ſ yn. in l. 1. C.vnde vi.* de qui n’a lieu touteſfois, *in foro conſcientiæ*: parce que tout l’honneur appartenant au Monarque du Ciel & de la terre, l’homme ne s’en peut attribuer aucune portion, s’il ne la luy deſrobe. Auſſi ſelon les ſacrez cayers de l’vn & de l’autre Teſtament,le vray honneur, ou la vraye gloire, conſiſte à conſtamment endurer vne iniure: bien faire à ceux qui nous offencent, & prier pour nos perſecuteurs. Et à ce tendent tous ces rares preceptes prononcez par la bouche de la Verité, *ſi inimicus tuus eſurit, ciba illum:ſi ſitiat, potum da illi: ſi percuſſerit te in maxillam,præbe ei & alteram,&c.*   — Troiſiéme maxime principale. — Le vray honneur,

Le quatriéme & dernier, eſt la deffence du prochain parent, & amy, que nous deuons auec plus iuſte raiſon deffendre, le voyant aggreſſé, & violentement aſſailly, puis la que Loy ciuile permet de donner ſecours à l’eſtranger & incogneu, que nous voyons reduit à telle extremité, par vn violent aggreſſeur, qu’il court fortune de la vie,s’il implore noſtre ayde & ſecours:*Bart. in l. ſi quis in ſeruitute.ff.de furt.in l.vt vim.& ibi gloſſ.ff. de Iuſtit. & Iur.Cyn in l. 2.C.vnde vi c. deliEto de ſentent. excommunic. in 6.c. non inferenda 23.q.3.* Et en ce cas,ſi en deffendant l’oppreſſé de telle ſorte,l’aggreſſeur eſt occis,par celuy duquel le ſecours a eſté imploré, il eſt exempt de peine:*Bald. in d.l. 1.C.d.vnde vi argum.l.Gracchus.Cod.ad leg. Iul.de adult.* Non qu’il y aye aucune obligation qui nous eſtraigne de donner tel ſecours à l’eſtranger, ny que nous y puiſſions eſtre contraints :*Bart. & DD.in d.l.vt vim. c. quantæ. de ſentent. excommunic.l.metum.§.ſed licet.ff.de eo quod.met.cauſ.*   — Derniere maxime.

TOuteſfois, le ſeruiteur domeſtique, voyant ſon maiſtre aſſailly,eſt tenu de le ſecourir & deffendre:autrement, ſi à faute de ſon ſecours il eſt tue,le ſeruiteur eſt eſtimé coulpable de ſa mort:*l.ſin.Cod. de his, quib vt indign. l.1 ff.ad S.C.Syllan.* Comme de meſmes,le ſubiect, ayant deſcouuert vne conſpiration contre ſon Prince ſouuerain, ſoit pour ſa perſonne, ou ſon Eſtat, eſt tenu de la reueler, l’aſſiſter, ſeruir & deffendre, enuers & contre tous, s’il en a le pouuoir : autrement il ſe rend coulpable du crime de leze Maieſté, *l. quiſquis. §. id quod. Cod. ad leg. Iul. Maieſtat.Bart. in l. 1 §. exioſum, ff. ad S.C. Syllan. Abbas, & Philippus Decius in cap. 1. extr. de offic. & poteſt. Ind.*   — VI. Le ſeruiteur domeſtique tenu à la deffence de ſon maiſtre. Le ſubiect tenu de deffendre & ſecourir ſon ſeigneur ſouuerain.

Arrest de Chaſtel.

de leg. Arreſt du mois de Decembre, 1594. rendu contre le pere de Iean Chaſtel, qui fut banny du Royaume, ſa maiſon ſize deuant le Palais, à Paris razée, tous ſes biens confiſquez, pour auoir ſçeu la conſpiration faicte par ſon fils d'aſſaſſiner le Roy tres Chreſtien de France & de Nauarre Henry IV. & ne l'auoir reuelée. En ſuite de ce aucuns ont tenu, que celuy, qui a deſcouuert le deſſein d'vn fils de tuer ſon pere : ou du pere contre le fils, eſt tenu de le reueler ; autrement il eſt puniſſable, ſi le parricide s'en enſuit, *l. verum in verb. conſcii criminis. ff. ad leg. Pompeiam de parricid.*

Le pere eſt inculpable qui tuë l'aggreſſeur de ſon fils.

Puis qu'il eſt permis de repouſſer la force & violence, que nous voyons commettre contre noſtre prochain, bien qu'eſtranger, & à nous incogneu : il ſera bien à plus forte raiſon permis au pere, de ſecourir ſon fils eſtant au hazard & peril de ſa vie. Et s'il tuë l'aggreſſeur de ſon fils, il eſt ſans coulpe ny peine, veu que telle deffence eſt iugée iuſte & neceſſaire, attendu que le fils eſt partie de la ſubſtance du pere : & ſauuant la vie à ſon fils, il ſemble ſauuer le moyen de ſe perpetuer aucunement ſoy meſme, *l. iſti quidem. ff. de eo, quod mes. cauſ. l. liberorum. & l. pronunciatio. §. fin. de verb. & rer ſigniſic.* Et eſt telle deffenſe permiſe, non tant pour les enfans naturels ſeulement, que pour les non-naturels & illegitimes. *l. hos accuſare §. fin. ff. de accuſat. l. amiſſimos. §. Lucius. ff. de exenſ. tut. ll. 1. & 3. ff. de liber cauſ.* Car ceſte action (qui eſt des premiers mouuemens (eſt tellement naturelle, que nous voyons iuſques aux beſtes brutes meſmes, vn deſir ſi grand de conſeruer leur geniture, que pour ſa conſeruation, ils s'expoſent bien ſouuent au peril de la vie.

La nature pouſſe les brutes à la conſeruatió de leur geniture.

VIII. Homicide permis au pere de ſa fille & de ſon adultere.

LE pere ſemblablement pour impunement tuer ſa fille, & ſon paillard trouuez en adultere, ſoit en ſa maiſon, ou en celle de ſon gendre : comme nous auons remonſtré cy deſſus : *l. quod ait lex. & l. marito. ff. ad leg. Iul. de adult. l. nihil intereſt. eod.* moyennant qu'il les tuë tous deux. Ce qui n'eſt pas permis au mary, qui peut ſeulement tuer l'adultere, non la femme, *l. nec in ea. l. patri. l. nihil. & d. l. marito. eod.* pour la raiſon que nous auons rapportée de la Loy, traictant de l'adultere. Et par meſme ſuite de raiſon, eſt permis au pere, frere, oncle, couſin, & autres parens de la fille, de tuer celuy, ou ceux, qui s'efforcent de la rauir : en la deffendant de leur aggreſſion & violence, ſi autrement ils ne la peuuent tirer d'entre leurs mains, *l. vnic. C. de rapt. virg. & ibi ſalicet. l. raptores. C. de Epiſc. & Cler. l. lex Cornelia ff. de iniur. Bart. in l. vi vim. & in l. 1. C. vnde vi.*

Le pere peut tuer le rauiſſeur de ſa fille.

Le fils eſt naturellement obligé à la protection & deffence de la vie de ſon pere : & le riere fils, de celle de ſon ayeul. Partant il eſt tellement exempt de peine, s'il tue celuy, qui vouloit rauir la vie à ſon geniteur, que s'il auoit manqué à telle deffence, il deuroit, comme coulpable fauteur, & adherant du meurtrier, eſtre condamné, *argum. l. verum. ff. ad leg. Pompeiam. de parricid. § aliud quoque capitalium in Authent. vt cum de appellat. cognoſc. coll. 8.* Eſtant à ce propos remarquable l'hiſtoire rapportée du fils de Cyrus, muët de nature, & qui n'auoit iamais auparauant prononcé aucune parole articulée : car voyant ſon pere au peril de la vie, il cria d'vne voix eſclatante à ceux, qui auoient intention de l'aſſaſſiner, qu'ils n'offençaſſent pas la Roy : la force de l'affection naturelle ayant rompu les ligamens, qui luy empeſchoient auparauant la parole, pour garentir la vie à celuy, duquel il tenoit la ſienne. Le deuoir naturel & obligation du fils eſtant telle, que s'eſtant porté pour heritier de ſon pere homicidé, ſans s'eſtre voulu rendre partie pour la pourſuite du crime.

Le fils obligé à la deffence de ſon pere.

crime contre le meurtrier, il est indigne de la succession paternelle, & ainsi
fut iugé par Arrest du 24. Iuillet 1573. rapporté par M. Loüet chap. 5. lettre H.
Ainsi est tenu le frere à la deffence de son frere ; le Seigneur de son vassal ; le
Maistre de son seruiteur ; & par contre, le vassal du Seigneur ; & le seruiteur de
son Maistre. Bref, ceux qui voyagent ensemble, peuuent s'employer à la defence de ceux qui sont en leur compagnie. Et ceux qui sont loüez à la suite de quelqu'vn, comme sont les estaffiers en Italie, bien qu'ils ne soient des
domestiques, sont tenus à defendre ceux qu'il suiuent, estans assaillis, *Bald.*
Bart. & DD. in d. l. 1. C. vnde vi. Et en tous ceux-là, s'il interuient querelle &
conflict, & que pendant l'ardeur d'iceluy ils tuent les aggresseurs, ils sont hors
de coulpe. Ce qui se doit toutesfois entendre, tant pour cet article, que pour
tous le precedent, apres que celuy qui a commis l'homicide, a obtenu grace
du Prince (sans laquelle il ne seroit pas bien aduisé de se laisser constituer
prisonnier,) & qu'il soit verifié qu'il n'estoit du nombre des agresseurs.

Le frere de
son frere
Le Seigneur
du vassal.
Le seruiteur
du maistre.
Les compa-
gnons de
voyages.
Estaffiers.
Lettres de
grace du
Prince,

Il y a plusieurs cas, où l'homicide est permis sans punition ny remission du
Prince, qui sont couuerts du droict des armes, comme ceux qui tuent les
ennemis en guerre ouuerte, sous conduite de leurs Chefs. Le Capitaine
qui tuë le soldat reconnu pour traistre. Ou celuy qui luy est rebelle, & re-
fusant d'obeïr à ce qu'il a commandé, Ou qui met sans licence la main aux
armes sous le drapeau. Ou qui s'endort en sentinelle, & en lieu d'eminent
peril &c. *l. 3. §. fin ff. ad leg. Cornel. de sicar. cap. cum homo. 23. qu. 5. l. proditores. ff.*
de re milit. Ou quand il y a commandement exprés du Prince souuerain, com-
me fut celuy du Pape Sixte V. qui donnoit impunité, recompense, & rappel de
ban, à tous les bannis d'Italie (que le vulgaire du lieu appelle *banditi*, ou *fuor*
vsciti) qui luy apportoient la teste d'vn banny, Ce qu'il fit pour les mettre
en deffiance les vns des autres, à ce qu'ils se dissipassent d'eux mesmes, comme ils firent : car au moyen de cette Ordonnance qu'il obserue exactement
de sa part, il en purgea toute l'Italie.

VIII.
Homicide
permis en di-
uers cas sans
remission.
Homicide
permis par
exprés com-
mandement
du Prince
souuerain.
Edict remar-
quable de
Sixte V.

L'on a douté, si celuy qui tuë le banny, ou les seditieux qui vont volant
par troupes, commet offence en sa propre conscience, bien que le Prince par
Edict aye permis de ce faire. Mais ce doute a esté leué par les Canonistes,
sous vne tres apparente raison. D'autant que celuy qui commet tel homicide, non pour aucun desir de répandre le sang humain, ny pour appetit de
vengeance particuliere ; mais pour obeyr à la Loy, & l'executer en ce qu'il
peut, & pour l'vtilité publique, n'est pas plus coulpable que le Iuge qui condamne l'accusé à mort, selon les Loix & ordonnances, qui tant s'en faut qu'il
commette offence, qu'au contraire il merite, *vt 23. quæst. 5. & quæst. & maximè.*
cap. reos. Bald. id l. decursones. C. ex quib. cauf. infam. irreg. l. 3. §. transfugas. ff. ad
leg. Cornel. de sicar. ll. 1. & 2. quandà lic. vnicunique fin. Ind. se vind. Et pour mesme raison, qui est l'vtilité publique, est permis au Iuge de faire vendre au proprietaire son fonds contre sa volonté, à fin d'y eriger les fourches patibulai-
res, pour l'administration de Iustice, & prendre ses cheuaux & charette pour
conduire le condamné au supplice, &c. *Elibrent. in l. ita vulneratus. ff. ad leg.*
Aquil. l. ff. de pignor. act. & ibi Bart. Ioan. Andr. in additionibus ad Speculatorem,
tit. de execut. sentent. in rubric.

Question re-
soluë,

Iuge comme
non coulpa-
ble de la
mort du con-
damné.

Xxx

Toutes iniures font ou

1 — Verbales, proferées
- En prefence de l'iniurié
- En fon abfence,
- En Iugement.
- Hors Iugement.

2 — Par efcrit.
- Es efcritures des procés,
- Libelles diffamatoires,
- Chanfons, pafquins, epigrammes femez, ou affichez en public.

3 — Reelles ou de faict,
- Battant ou enfonçant autruy.
- Attentat à la pudicité de la fille, ou femme vefue, ou mariée.

4 — Où font confiderables,
- L'occafion.
- La perfonne.
- Le lieu.
- Le temps.
- La qualité.
- La quantité.
- Le fuccés.
- L'exemple.

5 — La pourfuite s'en efteint,
- Par le pardon de l'iniure.
- Diffimulation par an & iour.
- Reconciliation, & familiere, & hantife par pact ou tranfaction.

LES INIVRES.

Source de caufe premiere des iniures,

LEs vicieux deportemens de ceux que l'effrenée paillardife a precipitez aux larcins, aux violences, & aux meurtres pour euiter la pauureté qui les talonne, donnent bien fouuent fuiet aux perfonnes de les leur improperer, Ou au contraire telles gens bien fouuent mefurans vn chacun à leur aune, & iugeans des actions d'autruy par les leurs (comme celuy qui void au trauers d'vne vitre colorée, iuge tous les obiets qui fe prefentent à fes yeux de la couleur de la vitre,) attaquent indifferemment toutes perfonnes, les taxans Definition des iniures. des vices & inclinations, aufquelles ils font eux mefmes fuiets. De là naiffent & prennent leur fource les iniures qui fe diuifent en quatre ruiffeaux. Car ou elles font verbales, ou par fignes, ou par efcrit, ou de fait, *l.1. §. iniuriam autem, ff.de iniur.& famof.libell. & §.iniuria.Inftit.de iniur.* combien que fous le nom d'iniure, foient prefque compris tous les malefices, comme le larcin, rapine & dommage fait, adultere, homicides, &c. *Iniuria enim generaliter dicitur omne, quod non iure fit, feu omne illegitimum, l.1 ff.eod.inftit.eod. in prin. vide Bald ad l.12 tab.cap.13.Hippolyt.de Marfil.confil.31.& 34.Bald.confil.144.& 25.*

I.
Iniure verbale,

L'Iniure verbale fe commet lors que l'iniuriant pouffé d'animofité, plein de furieufe colere, hors iugement, ou en la prenfence de la Iuftice, prononce des paroles iniurieuses, scandaleuses, & pleines d'impropere & infamie, contre quelqu'vn qui les reuoque, à iniure, s'en ressent, & en demande reparation par deuant le Magistrat du lieu, où telles iniures ont esté proferées: ou par deuant celuy du domicile des parties, *l. 1. Cod. de famos. libell. l. cum qui. ff. de iniur.* La punition duquel crime est communement la reparation d'honneur, que l'iniurié requiert par sa requeste, par amende honnorable, ou profitable, *à l. 1. §. iniuriam autem, ff. de iniur. l. si non es. Cod. eod.*

Punition des iniures verbales.

Nous auons dit hors iugement, parce que celuy qui en plaidant allegue ou profere quelques vices de sa partie aduerse, s'il se trouve que ses allegations soient pour la deffence de sa cause, & seruent à la iustification d'icelle, apres qu'il aura protesté qu'il ne prononce telles paroles en intention d'iniurier sa partie aduerse, mais seulement pour le soustenement & manutention de son droict, s'il n'a dict que la verité, l'on ne peut l'imputer à iniure, *l. si quis de libertate ff. eod. l. si tibi Cod. de liberal. caus. iniuriam enim facere non videtur, qui iure suo vtitur, & ordinaria actione experitur, l. factum. §. non videtur. & l. nullus. ff. de reg. iur. can. cum Ecclesia, extr. de elect. Oldradus, consil. 33.* L'iniure n'est reputée moindre, ains plus atroce, procurée en l'absence de l'iniurié, qu'en sa presence, *l. apud Labeonem, §. conuitium autem, ff. de iniur. l. si quidem. Cod. eod.* A ce propos vn Notaire d'Amiens, ayant esté iniurié par vn, qui à l'instant alla faire declaration au Greffier, en l'absence du Notaire qu'il le tenoit pour homme de bien & d'honneur, sur la poursuitte de plus ample reparation (veu que l'iniure publiquement proferee sembloit n'estre assez reparée en particulier) interuint Arrest de la Tournelle du 14. Ianuier 1606. par lequel la reparation fut iugée satisfactoire, sauf à l'iniurié à faire publier la declaration faicte par l'iniuriant, l'Arrest est rapporté au 24. plaidoyé de Corbin.

Iniure proferée en plaidant,

L'iniure presuppose tousiours dol, & volonté d'offencer, ou le nom, ou l'honneur, ou la personne, & biens de l'iniurié. Et à ce se referent les paroles, la subornation du fils, ou fille, & l'attentat de l'iniure reelle. Et partant ceux qui sont exempts de dol, ne peuuent estre conuenus en aucune action d'iniures; comme le furieux, l'enfant, ou l'impubere, ou le vieillard, que la longue entresuitte de ses années, ont retourné en l'enfance.

L'iniure presuppose dol.

Mais si ce sont paroles scandaleuses, qui ne seruent de rien à la cause, n'estant prononcées par l'iniuriant que pour desaigrir son esprit, par l'animosité qu'il a contre l'iniurié, bien que ce fussent choses veritables, il n'est pas permis toutesfois de les improperer iudiciellemet, ny ailleurs, ny moins la preuue n'en doit estre permise, *Barth. in l eum qui nocentem infamauit, ff. de iniur. Quando enim Reipublicæ non interest vitium illud, quod conuitio obiectum fuerit, manifestum fieri, iniurians tepetur actione iniuriarum: voluntas si quidem & intentio iniuriandi consideratur magis, quàm veritas conuitiy, lib. 3 Cod. quand. & quib. quarta pars deb. lib. 10. lib. qui iniuria de furt. Oldradus consil. 53. Arrest de Paris du 14. Iuillet 1576.*

L'incapable de dol ne peut estre tiré en actiõ d'iniures.

Paroles iniurieuses & scandaleuses,

Quand les iniures sont prononcees par legereté d'esprit, ou pour repousser pareilles iniures, qui auront esté proferees contre l'iniuriant, l'on ne doit en faire vn procés par escrit: comme il a esté iugé par infinis Arrests ; mais seulement apres la tradition du libel, doiuent les parties estre assignées à comparoit iudiciellemet: où apres qu'en leur presence lecture aura esté faicte d'iceluy, si l'iniuriant dit, que par colere, ou estant agacé, & iniurié par sa partie aduerse, il a prononcé les iniures ; qu'il ne les veut soustenir, & tient

Forme de proceder en matiere d'iniures verbales.

l'iniure pour l'homme de bien: Acte doit estre octroyé de sa declaration par le Iuge, qui mettra les parties hors de Cour & de procés; condánant neantmoins l'iniuriant aux dépens du libel, qu'il taxera sur le champ : auec deffence de ne plus recider, à peine, &c. & à l'iniurié de ne luy en donner le suiet, ny le prouoquer: & c'est le stile ordinaire de toutes les Iurisdictions de ce Royaume.

Que si l'iniuriant soustient les iniures par luy prononcées veritables, & demande d'estre admis à la preuue d'icelles, il doit conduire ses tesmoins iudiciellement, pour estre sommairement ouys: & apres estre par le Iuge procedé au iugement du procés, sans qu'il puisse appointer les parties à escrire par deffences, additions premieres & secondes, ny verifier par enqueste solemnelle. *Voyez à ce propos diuers Arrests rendus sur cette matiere au Papon nouuellemét augmenté, au l.8.tit.3.art.13.des 27.Iuin 1537.14.Iuillet 1576.4 Ianuier 1593. dernier Octobre 1594 19.Iuin 1601.6 Iuillet 1602.& 19.Février 1605.* où se voyent les adiournements personnels decernez contre les Iuges, qui ont instruit les procez par escrit en matiere d'iniures verbales, & la restitution des espices contr'eux ordonné, & contre les Procureurs d'office.

Toutesfois quand les injures sont tellement atroces, qu'elles tendent à la totale extinction de l'honneur de l'iniurié : ou proferées contre personne de remarquable qualité, lors l'on peut agir criminellement, ou extraordinairément: & commencer par information, adiournement personnel, ou prinse de corps, selon la qualité de l'iniuriant, s'il n'est domicilié *l.37.§.1.& l.vlt.ff.de iniur.l.vlt.Cod.eod.Arnobius,lib.4.aduersus gentes.* Et cette forme de proceder a esté approuuée par diuers Arrests, notamment *du 23.Decembre 1603.rapporté par M.Chenu.Iniuria autem atrocior fit tribus modis,re, persona, & tempore. Vide ad hoc Renardum,l.1.Varie.iur.c.9.* Pour les iniures, ou pour les paroles iniurieuses proferees par Aduocats ou Procureurs en plaidant. *Voyez Papon en son Recueil d'Arrests nouuellement augmenté,l.8.titre 3.*

Le Necromancien, Enchanteur ou Sorcier, qui fait voir & descouure le larron qui a desrobé la chose perduë, ne fait point d'iniure: mais il commet vn crime beaucoup plus punissable, voire corporellement : comme nous ferons voir traittans le crime de leze Maiesté diuine, *l.item apud Labeonem. §.si quis Astrologus,ff.de iniur.l.nemo Cod.de malefic.& mathemat.*

L'Iniure qui se fait par escrit, est beaucoup plus atroce que la verbale: d'autant que la memoire s'en conserue plus long temps : & se commet quand l'iniuriant a composé, ou fait composer chansons, pasquins, epigrammes, cartels, ou autres libelles diffamatoires : les a semez en public, les a affichez ou faict afficher par les carrefours & places publiques des villes: & par lesquels l'on void la reputation & renommée de l'iniurié, auparauant entiere, lacerée

flestrie, & tachee de plusieurs choses odieuses qui luy sont faussement imposees, qu'il seroit impossible de verifier. Telles gens ont de toute antiquité esté odieux en toutes Republiques bien ordonnecs, & conuaincus de tel crime, esté punis capitalement, *lib.vnic. Cod.de fam.libellis, l.ob carmen.ff.de resi.lb.*

Toutesfois nos Parlemens ne suiuent pas la rigueur de la loy: mais si l'iniure escrite se trouue inseree dans les plaidoyers, ou escritures fournies au procés, il est communément ordonné, apres que la partie en a requis reparation qu'elle sera rayée & biffee: Ou si toutes les escritures sont iniurieuses, qu'elles seront lacerées; comme fut iugé par Arrest de Paris *du 19. Mars 1575.*

contre M. Iean le Telier, & par Arrest de Roüen du 15. Decembre 1578. auec amende
de 1000. escus, rapporté par M. Bergiron. Quelquesfois l'action d'iniures peut
estre poursuiuie par trois parties ensemble, comme quand la fille de famille
est mariee, le pere, le mary, & elle comme interessez, peuuent poursuiure la
reparation de l'iniure à elle faicte, l. pater ff. de iniur. §. patitur instit. eod. lib. iniuria. & Fio. C. eod.

Le desmentir du vassal à son Seigneur, est reputé pour l'vne des plus atro- Le Seigneur
desmenty
par son vas-
sal.
ces iniures qu'il luy puisse faire, & pour cette raison doit estre son fief cômis
au Seigneur dementy, pendant la vie du vassal , comme fut iugé par Arrest de
Paris du dernier Decembre 1556. Voyez le Charon l. 2. de ses responses, art. 16. & Cho-
pin l. 2. du Domaine de France, tit. 8. n. 10. où il allegue vn autre Arrest contre
François de Parthenay, aux Arrests de Noel, 1565.

L'ordinaire reparation de l'iniure par escrit, est apres que l'iniuriant a de- Reparation
de l'iniure
par escrit.
claré qu'il tient l'iniurié pour homme de bien , en presence de telles person
nes qui sont ordonnées par la Sentence, que l'escrit contenant les iniures est
laceré en sa presence. Quelquefois, selon l'atrocité des iniures , & la qualité
de l'iniurié, il est condamné à dire & declarer, que temerairement, malicieusement, ou calomnieusement, il a escrit ou fait escrire les iniures , qu'il s'en
repent, & demande pardon à Dieu, au Roy & à Iustice, & à l'iniurié, & aux
despens du procez, ou bien encor en quelque amende pecuniaire. Arrest de
Tholose du 6. Iuin 1579. Papon.

L'on a reuoqué en doute, à qui la connoissance des iniures verbales , par A qui appar-
tient la co-
gnoissance
des iniures.
escrit, ou de faict, appartient, ou au Iuge ciuil ou criminel : mais ce doute est
leué par les reiglemens sur ce interuenus, rapportez par M. Chenu au 27. ch.
de son Recueil des Reglemens, entr'autres, en celuy, donné entre les Officiers de
la Seneschaussée de Poictiers, pour le reiglement de leurs charges & offices.
Car és iniures verbales , ou par escrit , ores que le Procureur du Roy soit
ioinct auec le complaignant, & qu'ils concluent ensemble en l'amende honorable & profitable, la connoissance en appartient au Iuge Criminel. Mais si
c'est iniure reelle, portant mutilation de membre, ou effusion du sang, c'est
au Iuge criminel d'en connoistre. Que si telle iniure reelle est déniée, le Iuge
pardeuant lequel l'action se traicte , doit ordonner que l'iniurié amenera
trois ou quatre tesmoins dans vn delay competant, pour estre sommairement
ouys sur l'excés prétendu, si c'est excés leger, sans vser de recol, ny confrontation de tesmoins, ny moins receuoir l'accusé en ses faits iustificatifs, & de
reproches, comme est contenu és Arrests desdits Reiglemens.

L'Iniure reelle, ou de faict, consiste en l'offence actuelle, comme d'assaillir, III.
Iniure re-
elle ou de
faict.
battre, frapper, prendre, & enleuer par force, &c. Ou en l'offence honno
raire, côme d'entreprendre, ou attenter sur la chasteté & pudicité d'vne fille
ou honneste femme. Quand au premier chef, veu qu'il tend à dissoudre la li-
aison de la societé humaine, qui doit estre entretenu par bien faicts & mu-
tuels offices d'amitié des vns enuers les autres, l. seruu. ff. de seruis exportandis,
non par offenses iniurieuses , ceux qui se plaisent & s'addonnent à nuire, &
outrageusement offencet leur prochain sans suiet ny occasion, comme violateurs des Loix naturelles, doiuent estre punis.

La difference de ceux-cy , & de ceux qui offensent sans volonté ny intention de nuire, est remarquée en la Loy premiere, §. de rique. Marcellus. ff. de

X x x 3

aqua pluuia arcenda. En celuy qui fouyssant dans son fonds, fait tarir la source viue de la fontaine de son voisin, car s'il trauaille pour son vrgente necessité, il ne commet aucune iniure reelle ; mais si c'est par malice, & pour luy faire perdre l'eau, il est punissable.

Quant à celuy qui bat, frappe, pousse auec violence, ou autrement excede autruy, il ne peut euiter la punition prescripte par la Loy, veu qu'elle iuge punissable celuy, qui tire mal à propos la robbe, manteau ou bonnet d'autruy, en querelant, *l. 1. sed est. ff. de iniur. §. iniuria autem. Instit. eod.* Comme de mesme celuy, qui s'efforce de s'approcher de celuy qu'il desire offencer, tenant en main vne pierre, baston, espée, ou poignard pour l'en blesser : bien qu'il n'ait executé son dessein, *l. item apud Labeonem. §. si quis pulsatus. eod. & d. §. iniuriantem.* Que si l'iniuriant, & aggresseur entre en la maison d'autruy violentement pour l'offencer, & en mesme instant profere contre luy paroles iniurieuses & scandaleuses, ce n'est qu'vne mesme action, qui ne peut estre traictée simul, ciuilement & criminellement : *l. Prætor ait. §. si mihi plures iniurias facerit, eod.* & non seulement peut estre poursuiuie en Iustice la reparation de l'iniure à nous faicte, mais aussi celle qui est faicte à nos seruiteurs & domestiques en haine de nous, ores qu'ils ne soient nos esclaues, comme ceux des anciens Romains, *l. item apud Lebeonem. §. prætor ait, & §. si quis seruo verberato. ff. eod. l. nec seruo quidem, Cod. de iniuriis.*

IV.
Circonstances considerables aux iniures. Enumeration des delicts.

L'Atrocité de l'iniure reelle procede de sa qualité mesme : *nam vulneris magnitudo atrocitatem facit, & etiam locus, veluti oculo percusso* (comme veut le Iurisconsulte: *& crescit contumelia, ex persona eius qui contumeliam facit,* Mais outre les circonstances remarquées pat Vlpian, en la Loy *Prætor ait,* sont considerables celles qui sont tirées de la Loy, *aut facta. §. 1. ff. de pœn.* Car puis que tous delicts consistent ou en faicts, comme larcins, voleries, meurtres, &c. ou en paroles, comme iniures atroces: & contumelieuses, conuices, &c. ou en escripts, comme faux contracts, libelles diffamatoires, affiges scandaleux, &c. conseils, comme coniurations, entreprises de mal faire, &c. sont en chacun d'iceux considerables, l'occasion, la personne, le lieu, le temps, la qualité, la quantité, & le succez.

L'occasion considerable en tous crimes.

L'occasion met hors de crime le precepteur, qui pour corriger la desbauche de son disciple, l'aura moderément chastié auec les verges, ce que ne peut faire vn estranger en colere, sans reprehension & chastiment.

La personne

La personne est considerable lors, qu'il s'agit de gens de diuerse qualité, comme d'vn fils enuers son pere, d'vn seruiteur domestique enuers son maistre, du vassal enuers son Seigneur, &c. Et en cette circonstance doit venir en consideration l'aage, comme si c'est vn enfant qui a commis le delict, ou vne personne adulte, car l'vn est punissable, l'autre demeure sans peine, *l. infans. ff. ad l. Cornel. de siccar.* Et aussi plus atroce l'iniure commise à vn Prestre reuestu des ornemens & habits Sacerdotaux, & vaquant à l'exercice de sa charge, que s'il est trouué en habit de Seculier, *l. prætor edixit, §. atrocem ff. de iniur. §. atrox, Instit. eod. l. atrocem, C. eod.*

Le lieu

Le lieu sacré, ou profane, aggraue le delict: car en l'vn se commet le simple larcin, en l'autre le sacrilege.

Le temps

Le temps du iour ou de nuict, rend le criminel plus ou moins chargé comme aussi la consideration du iour, s'il est solemnellement ferié, ou ouurable.

Quant à la qualité , c'eſt où la conſideration ſe doit plus eſtendre ſi c'eſt La qualité.
vn ſimple larcin clandeſtinement fait , vne ouuerte volerie faite le pi-
ſtolet à la gorge, ſi c'eſt vne braſſeure, ou vn meurtre fait en s'entrebattant
en foule , & en querelle, tous ayans les armes en main, ou vn guet à pend,
de propos deliberé , & en trahiſon , ſi en ſe ioüant la choſe a eſté faite , ou
de malefice pourpenſée , ſi l'offencé a eſté battu d'eſtriuieres, d'vn baſton ou
autrement.

La quantité ſe iuge comme au larcin, ſelon la valeur de la choſe dérobée, La quantité.
n'eſtant ſi puniſſable celuy qui a dérobé vn mouton , que celuy qui a rauy
tout le troupeau, ny celuy qui a pris vn eſcu, que celuy qui en a volé deux
mille, celuy qui n'a fait qu'vne petite playe, que celuy qui a donné dix playes,
mortelles, &c.

Le ſuccés, que la punition ſoit infligée ſelon le delict, & à proportion d'i- Le ſuccés.
celuy, chaſtiant plus moderement celuy, qui s'eſt eſſayé d'offencer, que celuy,
qui a executé l'offence entierement.

Et y peut on encore adiouſter la circonſtance de l'Exemple , lors que le L'exemple.
malefice ou crime demeurant impuny, l'exemple pour la conſequence en eſt
pernicieux: comme le diligent Lecteur pourra mieux à propos remarquer ſur
la meſme Loy , *aut facta* , & ſur les remarques faites ſur icelle par les Docteurs.

Le Lecteur m'excuſera, s'il luy plaiſt, de la digreſſion que i'ay faite en ces Attentats à
la pudicité
& renommée
des filles ou
femmes.
circonſtances, qui ſont conſiderables en tous les crimes. Mais quant à l'atten-
tat fait ſur la pudicité de la femme, ou fille d'honneur , celuy qui les a pour-
ſuiuies, ſoit qu'il l'aye luy meſme vſé de perſuations, & preſens, ou qu'il les
aye fait ſoliciter par maquareaux, ou maquerelles, *vt ex pudicis impudicæ fiant*,
ou ſe ſoit iecté contre verité d'en auoir abuſé, il eſt puniſſable. *Litem apud La-*
beonem §. *ſi quis virgines. ff. de iniur.* Ce qui neantmoins reçoit cette exception, Exception.
que ſi telle fille ou femme ſe rencontrent dans le bordel, en la maiſon des
maquereaux, ou maquerelles, traueſties & déguiſées d'habits indecents à leur
eſtat & qualité, ou par les ruës ſeules à heure nocturne, ſans lumiere, ou ſi elles font geſtes, & contenances, & demonſtrations de femmes impudiques, elles
peuuent eſtre impunément ſollicitées , comme tiennent tous les Docteurs,
ſur la Loy ſus alleguée : mais neantmoins ne doiuent eſtre violées , ny com-
primées contre leur volonté, par ce que tel crime ſeroit capital , comme
nous auons monſtré au crime de rapt, ſinon que ce fuſſent putains publiques,
quæ paſſim omnibus ſui copiam faciant. Encor la Loy de Dieu en defend les approches, à peine de la mort eternelle.

L'Action d'iniures ceſſe & s'eſteint par trois moyens. Le premier, par la L'action d'in-
iures s'eſteint
par le pardõ
de l'iniurié.
remiſſion, ou pardon qu'en fait l'iniurié à l'iniuriant, ſoit à ſa priere,
ſoit par l'interceſſion d'autruy, *c ſi illic. 23. q. & ibi gloſſ.* Le ſecond par diſſimu-
lation , quand l'iniurié laiſſe paſſer an & iour ſans s'en reſſentir, ny tirer ſon
homme en Iuſtice, pour en auoir reparation : car par ce laps de temps, elle
demeure preſcripte, comme nous auons remarqué au § 18. du premier liure
de noſtre Procés Ciuil , *l. in honorariis. ff. de action. l. ſi non conuitiis C. de iniur.* Par diſſimu-
lation Pen-
dant vn an.
§ *fin. Inſtit. de iniur. & ibi gl ff. & DD.* Le troiſiéme, par la familiere han- Par familie-
re hantiſe.
tiſe & conuerſation de l'iniurié & de l'iniuriant, ſi depuis l'iniure proferée
ils ſe ſont reconciliez enſemble, ont beu & mangé familierement l'vn chez
l'autre, auec demonſtration de bien vueillance & amitié reconciliée de leur

libre mouuement. Car s'ils s'estoient rencontrez en compagnie, en la maison d'vn tiers, où ils eussent beu & mangé ensemble, ils ne seroient pour cela tenus pour reconciliez : comme ont tenu *Ioannes Faber, & Angel. Arét. in § hac actio. instit. de iniur.* Cette action s'esteint encor, quand l'iniurié est decedé: car elle ne passe pas aux heritiers, sinon que le procés eust auparauant esté intenté par l'iniurié, & la chause contestée, *l. si cum. § qui iniuriarum. ff. si quis cautio. l. iniuriarum actio. ff. de iniuriis & famos. libellis.*

Circonstance remarquable.

Iniuriarum actio non transit in hæredes, & morte extinguitur.

Finalement par pact & transaction passée entre l'iniurié & l'iniuriant, car ores que *priuatorum pactis fiscus non impeditur, quominus accusare possit, transactio nihilominus super iniuriis facta inducit remissionem & efficacem obligationem inter eos, qui paciscuntur & transigunt, l. 5. C. de transact. l. non solum. § proinde, ff. eod. l. Transigere. C. de transact. vide Iulium Clarum. Sententiarum, lib. 5. § iniuria. & q. 58. Didac. Couarr. variar. resolut. lib. 2. cap. 10.*

Le crime de Faux se commet

- 1 Par escrit, falsifiant
  - Le nom du Notaire.
  - Des tesmoins.
  - Raturant les clauses du contract.
  - Leuant le seau du testament.
  - Soustrayant la schede.
- 2 Par paroles
  - Par faux témoins subornez, achetez, &c.
  - Par fausse accusation.
  - Par faux Iugement prononcé par vn Iuge corrompu.
- 3 Par consentement & silence,
  - Déguisant ou dissimulant la verité connuë.
  - Ne disant ce que l'on en sçait.
  - Par supposition d'vn enfant.
- 4 Par abus,
  - Aux poicts, aunes, mesures, &c.
  - En vsurpation de l'office d'autruy.
  - Au stellionat.
  - Aux courratages de Iustice.
  - Au pact de *quota litis*.
- 5 Transaction sur vn instrument faux, peut estre rescindée.

LE CRIME DE FAVX.

Diuerses especes de faux,

LE faux (qui prend sa source, comme les autres crimes, du Pere de mensonge) se commet en plusieurs sortes & manieres, en déguisant ce qui est veritable, à fin de le faire voir tout autre qu'il n'estoit, & le corrompant pour deceuoir autruy, *l. quid sit falsum. ff. ad leg. Cornel. de fals. c. tua nobis ext. de offic. vicar. can. super literis de rescriptis*, se commet, dy-ie, par escrit, par paroles, par consentement, par silence, & par abus.

Premiere espece de faux.

Sa premiere espece a esté nommée testamentaire par Cornelius, premier autheur de la Loy, qui de son nom a esté nommée *Cornelia*, non que le

faux

faux ne puiſſe eſtre commis en autres contraƈts qu'aux teſtamens : mais parce que lors de la publication de la Loy qui le prohibe , il eſtoit plus couſtu-
mierement praƈtiqué aux teſtamens & codicilles,qu'en aucuns autres inſtru-
mens : veu que celuy eſt dit auoir commis ce crime , qui a empeſché que le
teſtament n'aye eſté faiƈt,ou qui l'a effacé,rayé,interligné,ou tellemet broüil-
lé,qu'on ne le puiſſe lire : ou a leué les ſeaux,deſquels il eſtoit clos,pour l'ouurir : l'a remis en main eſtrangere, pour le cacher & receler : a faiƈt & fabri-
qué vn faux teſtament , ou en iceluy faiƈt mettre vne choſe pour autre , *talis*
tenetur pœna legis Cornelia, l. 2. de falſ. l. 1. §. qui in rationib. & §. ad teſtamenta
& l. leg. Cornelia. eod. Le meſme doit eſtre entendu du faux commis aux autres
contraƈts & chirographes,par la falſification de la ſignature des parties, des
teſmoings,ou du Notaire:& s'il y a addition, ſubtraƈtion, ou variation des
clauſes ſubſtancielles du contraƈt,& contre l'intention des parties contrahan-
tes:*l. quid. falſum ſit quæritur,eod.& d.lege Cornelia. & ibi accurſius.*

Faux com-
ment le com-
met aux con-
traƈt.

Le Notaire qui a receu le contraƈt & inſtrument allegué en Iuſtice ; &
neantmoins deſnie de l'auoir receu, & eſtant contraint de rapporter ſon protocole, la ſouſtrait, afin que l'expedition n'en ſoit faiƈte , eſt fauſſaire : &
comme tel doit eſtre puny : *l. eum, qui celauit. Cod. de falſ.* Et à meſme peine eſt
ſubieƈt le Notaire que l'on dit auoir receu vn teſtament,ou donation,qui n'a
neantmoins eſté paſſée par le pretendu donateur, qui pourſuit la nullité d'i-
celle,s'il differe de rapporter ſa note,ou ſchede ou declarer qu'il n'en a aucune choſe ; & que *inter moras*, le donateur pretendu & pourſuiuant decede , *l. ſi*
quis affirmauerit.§. vlt.ff.de dolo.

Autre eſpece
de Faux.

Notaire qui
differe de
rapporter la
ſchede.

Soit donc que le faux ſoit commis en ratures , ſuppoſition de datte(ce qui
ſe recognoit par le nouuel ancre :) ou couppans partie du papier , ou parche-
min , où eſt eſcrit l'inſtrument, arraché ou ſuppoſé vn faux ſeel,ſuppoſé vn
nom dans la rature autre que celuy qui y eſtoit eſcrit : ou en quelque autre
ſorte que ce ſoit le fabricateur de telle fauſſeté doit eſtre puny de la perte de
la main dont il l'a eſcrite,banny, & les biens confiſquez,& declaré indigne de
iamais exercer aucune charge publique,*l. 1.§. ſin. & ibi Bart. & Hippolyt. de*
Marſil.ff.ad l. Cornel.de falſ. item lex Cornelia. Inſtit.de public.indic.

Peine du
fauſſaire.

La forme de proceder en ceſte inſtance (comme nous auons touché en
noſtre proſés ciuil, eſt de faire declarer à celuy qui produit vn faux inſtrument) s'il s'en veut ayder : & apres ſa declaration affirmatiue, l'impugnant
doit s'inſcrire de faux : & auant donner ſes moyens,ſera l'accuſé contraint de
faire rapporter la note, ou ſchede de ce qui eſt impugné,qui doit eſtre remis
au Greffe , & parafé *ne varietur.* Apres auoir fourny de ſes moyens de faux:
s'ils ſont declarez pertinens & admiſſibles,doit eſtre informé ſur iceux, *com-*
me a eſté iugé par Arreſt de Paris du 15. Septembre, 1568. & l'information rapportée,ſuit le decret d'adiournement perſonnel, ou prinſe de corps:& apres
le procés eſt inſtruit ſur le faux, auant que iuger ny ouyr teſmoins ſur l'inſtance principale , *Comme fut iugé par Arreſt de Paris pour la Dame d'Apchon,*
contre les heritiers de Montrenard. Le faux vuidé , il eſt procedé à ladiƈte inſtance. Ores que le tout doiue ainſi proceder,il ſe trouue neantmoins Arreſt
du 8. Mars, 1549. où en vn procés du ſieur de Lupe,fut ordonné, que les teſmoins ouys en vne information prinſe auant les ſolemnitez du faux obſer-
uées,ſeroient recolez & confrontez.

Forme de
proceder en
l'inſtance de
Faux.

Que s'il aduient que le Notaire : qui a receu l'inſtrument impugné de

Comme doit
eſtre procedé
quádla note

Y y y

[marginal note: ne peut estre trouue.]

faux, soit decedé & son protocole perdu par le cours des guerres, feu, volerie ou autrement, de mode que la note originale ne puisse estre rapportée, le produisant doit verifier la perte du protocole, par suffisant nombre de tesmoins: & en outre se purger par serment, que la scede ne demeure à rapporter par son dol & fraude: autrement & à faute de ce, doit l'expedition estre declarée fausse: suiuant le texte de la loy finale, *C. de fide instrum.* Que si celuy qui produit l'instrument faux & s'en ayde, ignore la fausseté, pour ne l'auoir fait fabriquer: ains a trouué le contract impugné, entre les papiers de son predecesseur, il est sans coulpe, ores que l'instrument soit declaré faux: mais il n'euitera la condamnation d'estre decheu de son droict & des despes dommages & interests de la partie poursuiuante, auec amende enuers le Fisque, pour s'en estre aydé, & laceration de l'instrument faux, *Arrest de Paris pour les consorts de la Tour en Iarets, au Bailliage de Forests, Papon.* Puis qu'il est requis pour la iuste translation de la proprieté & possession d'vn heritage ou chose immobiliaire, que la cause en soit iuste, *l. b. nunquam nuda ff. de acquir. rer. dom.* Celuy qui possede en vertu d'vn instrument qu'il sçait estre faux, n'a ny possession legitime ny proprieté: au contraire, il peut estre accusé & poursuiuy pour le faux, *l. ex initio & ibi Cyn. & alii Cod. ad l. Cornel. de fals.*

[marginal note: Produisant vn instrumét faux, qu'il ignore estre tel, ne demeure sans peine.]

II.

[marginal note: Faux par parole.]

Le faux se commet par parole, entre autres quand vn tesmoin corrompu par dons, promesses, ou de son mouuement, pour la faueur qu'il porte à autruy, ou hayne qu'il a conceuë contre celuy, contre lequel il dispose, apporte faux tesmoignage sur la chose qui n'est de sa connoissance, en déguisant & supprimant la verité: afin (si c'est en ciuil) de faire perdre le droict d'autruy, si c'est en criminel, de luy leuer la vie, ou la reputation. Et est ce crime d'autant plus odieux que sous la deposition de deux faux tesmoins le plus homme de bien du monde court fortune de sa vie, ou de son honneur & moyens. C'est pourquoy la Loy des douze tables portoit pour la punition de telles gens, *Qui falsum testimonium dixerit, è saxo Tarpeio deiicitor.* Et conformement à ce tous nos Parlemens de France condamnent telle gens, apres qu'ils sont conuaincus de faux tesmoignage, à la mort, suiuant l'Ordonnance de François I. publiée l'an 1539. Et non seulement le faux tesmoin est punissable, mais aussi le corrupteur; soit qu'il depose en sa faueur, ou de celuy au nom duquel il negotie l'affaire: ensemble l'Enquesteur & le Greffier, qui aura autrement escrit que le tesmoin n'aura deposé pardeuant luy: conformement à la Loy, *vbi falsi examen. de fals.* Et s'estend la corruption du tesmoin, non seulement à ce qu'il depose faux; mais aussi quand il tait & recele malicieusement ce qu'il sçait & ne le veut dire, estant sur ce interrogé. Bien que le corrupteur declare qu'il ne se veut ayder de la deposition de tels tesmoins par luy corrompus, il doit neantmoins estre puny, s'il en appert: veu qu'au crime de faux le seul attentat est punissable, *vt notat Baldus in lib. transit falsos, C. de fals.*

[marginal notes: Consequéce du faux tesmoignage. Anciéne punition du faux tesmoin. — Punition moderne. — Faux Enquesteur & Greffier. — Aux faux, l'attentat est punissable.]

Ce crime ne s'esteint pas la mort du faux tesmoing, ou faux Iuge, ou Greffier, Enquesteur ou corrupteur & courratier, qui aura esté employé pour corrompre & produire le faux; ains s'estend iusques à leurs heritiers, qui peuuent estre contraints à la restitution de ce qu'ils ont indeuement receu: non à l'autheur de la corruption, mais au Fisque, *l. in haeredem ff. de calumniator. & ibi Accursus in verba extorquebitur.*

[marginal notes: Criminis falsi persecutio transit in haeredes. — Qui per mendaciü aut sub falsa causa aliquid impetret.]

Celuy qui sous vne fausse exposition, a obtenu du Roy, ou du Iuge vne grace, don priuilege, ou sentence *tanquam mendax precator, carere debet impetratis*, veu l'iniustice qui en resulte, quand il y a partie y desnommée, *l. si quis obrepserit .ff. ad l. Cornel. de fals. cum iuribus in gloss. allegatis : l. maior. & vbi fal. C. eod.*

Le mesme se doit entendre du faux accusateur, qui non seulement est descheu de son accusation calomnieuse ; mais aussi doit estre comdamné à reparer l'honneur de l'accusé & en tous ses despens, dommages, & interests, *Faux accusateur,* pour auoir offencé Dieu, le prochain, & le Iuge, qui suit en iugement son faux tesmoignage (comme vous pourrez voir debonnaire Lecteur) par l'Arrest rendu contre Taboüé, pour fausse accusation par luy instituée, contre le President Pelisson, & autres Conseillers de son Siege. *Idem erit.* de celuy, qui exploicte faux, *l. lege Cornelia cauetur. §. fin. ff. ad l. Cornel. de fals. DD. in l. 1. §. incidit. ff. ad S. C. Turpelianum.* Et encores du Iuge corrompu, qui contre le *Exploictans faux.* tesmoignage de sa propre conscience soit par animosité, faueur, ou presens, prononce vn iugement contre le droict, la raison, & l'equité resultante des *Iuge peruers- & corrompu.* pieces du procés, qui luy est remis : & se rend coulpable de larcin, si son iugement est de disceptation de biens, fonds, & heritages : & d'homicide, si sa Sentence porte condamnation de mort : & partant punissable, selon la qualité du delict & de la personne offencée, *l. 1. §. sed & si quis. vers. & qui iudicem ff de fals. c. 1. de crimen. fals.*

Notandum interea, que lors que l'on accuse les tesmoins ouys en vne enqueste, comme faux, il est par consequét necessaire d'accuser le corrupteur, *Moyen d'arrester le cours de l'instance par l'allegation du faux,* pour arrester le cours de l'instance : autrement l'on ne laisse de passer outre : mais si le produisant est accusé par mesme voye que les tesmoins, de les auoir corrompus, l'instance principale surseoit, iusques à ce que le faux soit vuidé : & c'est la commune pratique de ce Royaume : *Bart. in l. si testamentum. ff. de petit. haeredit. Felin. in c. licet. causam. n. 27. de probat. Arrest des grands iours de Poictiers, du 19 Octobre 1531. Papon.*

C'est aussi vne des especes de faux que la supposition d'vn enfant estranger, au lieu du naturel & legitime : qui ne peut, comme l'autre faux, estre indifferemment poursuiuy par toutes personnes ; mais seulemét par les parens *II. Fausse supposition d'vn enfant,* & prochains, à qui le faict touche : *d. l. lege Cornelia. §. vlt. de fals.* Et peut tel crime estre poursuiuy incontinét apres la supposition, bien que l'enfant n'aye atteint quatre, cinq ou six mois (ores que *quaestio status non sit mouenda nisi post completam pubertatem, l. 1. de fals.*) *talis enim causa capitalis in tempus pubertatis differri non debet* (dit l'Empereur :) où il monstre que la punition de tel crime est capitale : aussi n'y auroit-il apparence de differer la poursuite de tel crime, iusques apres le deceds de ceux, qui en peuuent plus pertinement deposer, comme sont les plus proches parens, la matrone ou sage femme, qui a releué l'enfant, *de cuius statu agitur*, les seruiteurs, chambrieres, domestiques de la maison où il est né, qui peuuent deceder auant que l'enfant aye atteint la puberté, & y auroit trop de l'imprudence du Iuge, *ll. 1. & 3. & tot. tit. ff. de Carbon. edict. l. 1. Cod. ad l. Cornel. de fals.* Et (qui est vn poinct remarquable) *non interest decesserit, necne, ea, quae partum subdidisse contenditur*, parce que l'action de tel crime ne s'esteint par la mort de la mere, ains se peut aussi poursuiure apres, *l. qui falsum, in fin. ff. de fals.* Est encores à noter, que cette action, *non praescribitur per viginti annorum spatium, vt reliqua crimina : sed vnoro temporis praescriptione deperditur, lib. sep. alleg.* Finalement sera remarqué que la mere n'est tenuë à verifier son accouchement : mais *incumbit onus probationis ei, qui accusat .l. cum suppositi partus. C od. de falf.*

I V.
Faux par abus aux poids, mesures &c.

Le faux se commet par abus, ou abusiuement, aux fausses mesures : comme aunes, boisseaux, minots, muids, &c. auec quoy se mesurent les marchandises comme grains, sel, huile, vin, &c. & aux faux poids tenus par ceux qui debitēt les marchandises à detail, receuant en grandes mesures, & payans ou vendans en petites, non marquées, eschantillonnées ou aprouuées par la Iustice : & partant punissables d'amende, banissemens, ou autrement ; à l'arbitrage du Iuge, selon la Loy *Cornelia, de falf.l. pen. ff. eod.l. annonam, § fin. de extraord. crimin. l. in Dardanarios, ff. de pœn. l. si mensor ff. lsi mensor falf. mod. dixerit. cap. vt mensura extr. de empt. & vendit* Et sont suiects à mesme peine ceux qui font, ou prestent les fausses mesures, balances, poids, aunes, &c. pour frauder autruy. Quāt à la fausse monnoye, nous auōs reserué d'en traicter au crime de leze Maiesté.

Vsurpateur de l'Office d'autruy.

Celuy qui vsurpe l'office d'autruy, ou qui exerce vne charge, de laquelle il n'est pourueu, doit estre puny comme faussaire, *l. 1. § sed & si quis & l. eos. § fin. ff ad l. Cornel. de falf.*

Faux ven deur.

Celuy qui a vendu la mesme chose à deux diuers achepteurs, outre l'action de Stellionat, qui peut estre contre luy intentée, peut aussi estre criminellement poursuiuy, pour la fausse vente par luy passee, *l. qui duob. de falf.* Et sont

Maquignons de Iustice.

punissables de mesme peine que les faux vendeurs, les courtratiers & solici-
teurs qui se sont employez à corrōpre les iuges, pour obtenir d'eux vn iugement à leur aduantage contre le droict, *l. 1. § sed & si quis ob denunciandum, eod.*

Compositiō de quota litis.

L'Aduocat ou Procureur qui ont compose auec leurs parties, *de quota litis,* moyennant ce ont falsifié ou fait dresser faux contracts, ou suborné témoins, & sur ce obtenu faux iugemens, *tenentur pœna legis Cornelia, l. 1. § 1. de fal.* Comme de mesmes ceux qui corrompent les Edits, placards & affiches de Iustice, mis en public, *l. hodie, eod.*

V.
Legataire qui s'inscrit en faux contre le testament.

Celuy qui a receu le laig à luy faict par l'ordonnance testamentaire d'vn deffunt, n'est partant empesché de s'inscrire en faux contre tel testament, sans que la reception de son laig serue d'approbation, *licet enim legatum* (dit la loy) *ibi ascriptum consecutus sis, tamen non impedieris accusationem instituere, & l. post le-
gatum, ff. de his, quæ vt indig.* que si durant la poursuite de l'instance de faux, l'accusé requiert que pendant icelle l'instrument impugné soit entretenu : La Loy veut (suiuant ce que nous practiquons iournellement en France pour les garnisons requises pendant le procez) *cum moranda solutionis gratia falfi crimen obiicitur, nihilominus salua executione criminis debitorem compelli oportere, l. 2. C. ad l. Cornel. de falf.* Mais le mesme ne sera pas obserué, si l'impugnant requiert le laig du testament, ou le benefice qu'il pourroit pretendre en l'instrument qu'il impugne, luy estre paye par prouision pendant le procès ; parce que s'il emporte gain de cause, rien ne luy est deu, le contract declaré faux : s'il suc-
combe, il n'en doit esperer aucune chose, pour l'auoir perdu au moyen de l'inscription, *dict l. post.*

Celuy qui a transigé sur vn instrumēt faux, n'est apres empesché de s'inscrire contre.

Si entre les parties litigantes, transaction interuient sur vn instrument faux, & que celuy qui a transigé, & contre lequel il est produict, aye ignoré qu'il fust faux, mesmes lors de la transaction, en laquelle ne soit faicte aucune mention dudit crime : celuy auquel à ce moyen la transaction faict préjudice n'est empesché de reuenir à l'impugner, moyennant qu'il aye obtenu lettres, pour estre releué de la passation d'icelle, qui luy seront infailliblement en-
therinees, *l. pen. C. de transact. l. ipse significas. C. ad l. Corn. de falf.*

LA TRANSPLANTATION DES BORNES
ET LIMITES.

CE crime se commet en deux manieres; ou estant entierement les arbres, pieces de bois, grandes pierres, ou autres choses seruans de limites à la separation des chemins, Iurisdictions, Prouinces, ou heritages des particuliers: Ou en les transposant dans le fonds d'autruy, pour aggrandir l'heritage de celuy qui le commet, ou fait commettre.

Deux manieres d'arracher les bornes.

Quant au premier, il n'est permis à personne viuante, d'arracher, oster & enleuer les bornes & limites, qui seruét de distinction entre les Seigneuries, Iurisdictions ou heritages: si ce n'est de l'exprés mandement & consentemét des Princes, Seigneurs ou particuliers, entre lesquels elles ont esté plantées; & qui y contreuient, s'appropriant ce qu'il a arraché doit comme larron estre puny du foüet, & en outre banny, *l.1 & l.diuus ff.de te.min.mot.* Voire que si les limites, qui distinguent les Prouinces de ce Royaume, les vnes d'auec les autres, sont tombées, sans estre transportées hors du lieu, où elles estoient plantées, ce n'est au Iuge inferieur en la Iurisdiction duquel elles sont, de les redresser: ains aux deux Iuges Royaux des Iurisdictions qu'elles separent, qui doiuent ensemblement proceder à les faire remettre, & ce en presence des gens du Roy.

Premiere.

Pour le second, celuy qui pour aggrandir son heritage, au preiudice de son voisin, transporte les bornes qui les separoient dans le fonds voisin: comme larron & faussaire doit estre puny, & la peine remise à l'arbitrage du Iuge, de luy oster autant de sa terre, qu'il en vouloit vsurper à autruy, le condamnant en outre en tous les despens, dommages & interests, & en l'amende enuers le Prince, voire y peut adiouster le bannissement, *l.2 ff.de termin. mot.d. l.diuus in Princ.& l.fin. eodem.* Que si les bornes & limites sont transposées, ou arrachees par vn tiers, par le commandement d'autruy, l'arracheur doit estre battu de verges, & enuoyé aux Galeres pour deux ou trois ans, ou pour le moins banny pour pareil espace de temps, *d.l.diuus, eod.* L'accusation de ce crime est permise à tout le monde, *l.fin.ff.eod.*

Seconde. Punition du transplanteur de bornes.

DES INCENDIAIRES.

L'incendie se fait, ou	1 De malice deliberée ou	Par infirmité, Vindicte, Par les soldats.	Est puny diuersement.
	2 Fortuitement	Par dehors, Au dedans, Par le feu du Ciel,	N'est puny.

Le locataire est tenu du feu aduenu par la faute de ceux qu'il tient en la maison loüée.

LE peché qui racine tousiours en croupe l'intention de mal faire, & de nuire au prochain, fait bien souuent que par des persuasions du diable son autheur, celuy qui void, que par le faux, ou fabrication des faussetez, ou par esloignement ou perte des bornes & limites du bien de son voisin, il ne peut venir à chef de son attente : poussé d'vne fureur desesperée pour perdre celuy, qu'il a en haine, il aduise de luy brusler sa maison, grange, establerie, ou le tas & monceaux de bled par luy recueillis & entassez loin, ou proche de sa maison. Crime d'autant plus detestable, qu'il ne tire apres soy, ny profit, ny volupté, pour l'incendiaire : & neantmoins occasionne telle perte a l'affligé, qu'il void en vn moment, par le moyen d'vne soudaine conflagration, tous ses meubles, denrées, marchandises, or, argent, papiers, & moyens que luy, & ses deuanciers auoient tasché d'acquerir & conseruer, ayans trauaillé pour cest effect labourieusement dés le commencement de leur vie, reduits en cendres, par la malice d'vn meschant, demeurant au surplus tellemét miserable le reste de ses ans, qu'il en est reduit à la deplorable médicité. C'est pourquoy les Loix l'ont puny (quand il est commis par vindicte & inimitié) de diuers genres de supplice de mort, *gloss. in verbo potestatis, in l. data opera. Cod. qui accusar. non poss. & ibi. Bald. Salycet. & Cyn. Bart. in l. 3. ff. de offic. Praefect. vigil.* Quelquefois il est puny par le feu, & bruslé, comme il s'est essayé de brusler les autres en leur maisons, ou metairies. *l. qui ades, cum ll. sequentibus. ff. de incend. ruin. nausrag.* N'estant raisonnable qu'il soit plus doucement traicté, que ceux qu'il a exposé par sa malice à vn si manifeste peril de leur vie, *argum. l. saccularij in ratione sui, ff. de extraord. crimin.* Toutesfois la plus commune opinion est suiuie, qui est, si l'incendie est faicte aux metairies, & maisons champestres, de punir l'incendiaire de la corde *l. capitalium, §. incendii. ff. de poen. Aret. in tractat. de malese. in verb. incendiario. Abbas Siculus & Felinus in cap. tua nos, de sentent. excommun. gloss. in cum deuotißimam 12. quaest. 2. in verb. si verò incendium. DD. in vendita insula, ff. de pericul. & commod. rei vendit.*

Que ses peines sont dicernées contre les ennemis incendiaires, elles ne doiuent pas moins estre practiquées contre les soldats vagabonds, qui bruslent impunément les maisons, villages & Eglises, où ils passent : dont nostre deplorable France n'a que trop souuent veu les preuues, pendant le cours des premiers, secods, & derniers troubles : a l'indicible scandale du seruice de Dieu, & perte des habitans & proprietaires des lieux bruslez. *Incendiarij, inquit Calistratus, capite puniuntur, qui ob inimicitias, vel praeda causa incenderunt intra oppidum, l. capitalium, §. inter diarii, ff. de poenis, vel si humiliori loco nati sunt, bestiis subiici solent, lib. fin. ff. de incend. ruina. naufrag. vide Angel. in tract. malesic. in verbo incendiario. Panormit. & Felin. in cap. tua nos extr. de sentent. excommun. Gell. lib. 2. obseru. 12. cum sequent, & l. data opera, Cod. de his, qui accus. non possunt.*

II.

SI toutesfois l'embrasement est interne, & non aporté de dehors : fortuitement aduenu par la faute & negligence de ceux de la maison, non par malice, ny de propos deliberé, le pere de famille, sur lequel tombe tout le dommage du feu, est plustost digne de commiseration, que de peine : receuant assez d'affliction en la perte qu'il en aura soufferte. Mais si l'incendie aduenuë par sa negligence, porte preiudice à ses voisins, les maisons desquels auront esté enuelopées en mesme conflagration, ou abbatuës pour empescher le feu de passer outre, ou descouuertes pour courir au remede de

la sienne : il ne demeurera entierement sans peine , comme a voulu la Loy *si
seruus seruum. §. si fornicarius. ff. ad l. Aquil. l. videamus. ff. alocat. §. penult. Instit.
de obligationibus, quæ ex quas. delict. nasc.* Et ne pourra euiter la condamnation
de tous les dépens , dommages & interests des interessez *d.l. capitalium. §. incendiarij vers. nam fortuita incendia.*

Finalement l'embrasement est fortuitement aduenu , par la cheute du
feu du Ciel, coups de foudre, ou autres impressions ignées l'auenement desquelles ne peut estre euité par aucune prudence humaine, persône n'est tenu
du dommage qui en aduient, y alla il de la consommation de la moitié d'vne
ville entiere, *l. si fortuito. ff. de incend. ruina, naufrag. l. qui ædes. vers. si vero, eadem.*
ores que le feu soit sorty d'vne maison particuliere , où tel cas est fortuitement aduenu : attendu qu'il n'y a de la faute de personne viuante. *Rem enim,
quæ culpa caret, in damnum vocari non conuerit : c. cognoscentes extr. de constitutioni-
bus. Pæna enim noxam præsupponit : lib. sancimus in princip. C. de pœn. c. su. de iniur.
& damn. dat. Ad hanc materiam de incendio, vel casu, vel per negligentiam facto, vide
ll. 1. 2. 3. & 4. de offic. Præfect. vigil.*

Embrasemêt ou confla-
gration par
le feu du
Ciel.

Et neantmoins à remarquer, que si le feu a esté malicieusement mis par
quelque scelerat, en l'estable, cour, ou maison d'autruy : & que de l'embrasement de sa maison , les maisons voisines en soient gastées & endommagées,
celuy, auquel le premier desastre est aduenu, n'est tenu d'aucuns dommages, &
interests aux interessez : *d.l. fortuito.*

Le feu mis
par malice
en la maison
d'autruy,
exempte le
maistre du
dommage
des voisins.

Ne sera pas toutesfois ainsi du locataire : car il est tenu du feu aduenu par
la faute de ceux qu'il tient en la maison louée : *l. videamus an in seruorum, in
princ. ff. locat.* Et a ainsi a esté iugé par Arrest *du* 25. *Feurier* 1581. remarqué par
M. Millier , & allegué par Choppin. *sur les coustumes d'Aniou, liu. 1. chap.* 44.
Voyez Thomas Grammat. decis. 3.

III.
Exception
du locataire

LE PARRICIDE.

CEluy qui a tué son pere, sa mere, son frere, sa sœur, son fils , ou sa fille, est
baptizé par la Loy du nom de Parricide. Crime des plus execrables, en
ce qu'il viole le droict diuin & humain, & couppe les liens plus estroicts de
la societé ciuile : par lesquels l'affection naturelle doit estre plus estroictemêt
liée : *l. 1. ff. ad l. Pompeiam. de parricid.* Et pource nous auons rapporté icy son
Traité, pour l'entresuite des chainons du vice en plus grande abomination
& execration.

Detestation
du parricide

Numa Pompilius, second Roy des Romains, donna ce mesme nom aux
simples homicides; au raport de Festus : *Si quis hominem liberum morti dat,
parricida esto.* Mais pour le vray parricide, il n'a esté connu à Rome de plus
de six cens ans apres leur ville fondée, & iusques à ce que Lucius Ostius tua
son pere, & Malleolus sa mere, qui firent cognoistre ce crime, & excogiter la
punition deuë à l'execration d'iceluy : qui semble auoir esté sciemment ob-
mise par les premiers Iurisconsultes, apres que Roscius Amerinus eust esté
accusé, & deffendu par Ciceron.

Tout homi-
cide nommé
parricide,
par Numa.
Premiers
parricides
entre les
Romains.

Le grand Pompée restablit cette loy mieux qu'elle n'auoit esté auparauant obseruée : sur laquelle Scæuola, Martian, Marcellus, Paul, Vlpian,

& Modeſtinus ont eſcrit *tot. tit. ad leg. Pompeiam. de paricid.* & apres eux l'Empereur Conſtantin, *in l. vnic. C. de his, qui parent. vel liber. occider.*

Ancien supplice des parricides.

Les premiers, qui ont preſcript le ſupplice de ce crime, apres les Ægyptiens (qui le practiquoient, cõme eſt rapporté par *Diodor. Sicul. l. 1.*) ont eſté les Romains, qui apres auoir fait battre de verges l'accuſé, & conuaincu du parricide, iuſques à grande effuſion de ſon ſang, l'enfermoient dans vn grand & ſpacieux ſac de cuir, auec vn chien, vn ſinge, vn coq, & vn ſerpent : & le precipitoient dans la Mer, ſi elle eſtoit prochaine : ſinon dans vn grãd fleuue : au deffaut de ce il eſtoit expoſé aux beſtes ſauuages, pour eſtre par elles deſchiré & deuoré. *l. pœna ff. ad leg. Pompeiam. de parricid.* Eſtant bien raiſonnable, que celuy finiſſe miſerablement ſa vie, priué pendant icelle de l'vſage de tous les elemens, au milieu de tels animaux, qui ſont entr'eux en guerre continuelle, qui par fer, poiſon, ou autrement, a rauy la vie à l'autheur de la ſienne ou à ſes plus proches, *d. l. vnic C. de his, qui parent. vel lib. §. alia deinde lex. Inſtit. de pub. ind.* Toute l'antiquité a eu ce crime en telle deteſtation pour ſon enormité, que l'on n'a pas tenu le parricide digne de moindre peine, que le criminel de leze Maieſté diuine, veu que les pere & mere eſtans comme les images de Dieu enuers leurs enfans (*Inſtit. lib. 6.*) le parricide commetrant ce crime, viole & pollue la diuinité (*Quintil. in declamat.*) & partant la peine du ſac de cuir auparauant decernée contre les contempteurs & violateurs des choſes diuines a eſté eſtablie pour les parricides, *Valer. Max. lib. 1. Modeſtinus de hoc genere ſupplicii ſcribit in l. pœna parricidii ff. ad leg. Pomp. de parricid. vide. l. vnic. C. d bis, qui par. vel. lib. occid.*

Toutesfois auiourd'huy la ſeuerité de ceſte peine eſt adoucie ; & eſt ſuyuie ſeulement la diſpoſition de la Loy derniere, *ad leg. Iul. de ſicar.* ou bien remiſe à l'arbitrage des Iuges ſouuerains. Vn ieune homme débauché de Chaſtillon ſur Loin, reuenant vn ſoir fort tard de la debauche, ſur les remonſtrances & correction à luy faictes par ſon pere, le tua d'vn coup d'eſpée. Ayant eſté apprehendé par la Iuſtice, il fut condamné à auoir le poing couppé, diuers morceaux de ſa chair eſtre leuez auec tenailles ardantes de diuers endroicts de ſa perſonne : & apres à eſtre pendu par les pieds, & à ſon col vne pierre attachée de la peſanteur de ſix vingts liures, pour l'eſtrangler : dont il ne voulut appeller, reconnoiſſant l'enormité de ſon crime. *Voyez trois Arreſts rapportez par Papon, au titre du Parricide, auec les remarques ſur iceux.*

Bien que celuy qui a tué vn homme, ne ſoit tenu ny puny que comme ſimple homicide : ſi neantmoins il a aſſiſté le fils contre le pere, ou autre ſien proche il eſt coulpable du parricide : & comme tel doit eſtre puny : & non luy ſeulement, mais auſſi tous ceux qui ont preſté deniers, compoſé poiſons, ſe ſont rendus caution de l'empruntant, ſçachans à quelles fins tel preſt a eſté faict, *l. vtrum, 2. & l ſi ſciente creditore, ff. ad leg. Pom. de parricid.* Et ne ſe preſcript ce crime, non plus que le faux, par le laps de vingt ans : *eorum enim, qui parricidii pœna teneri poſſunt, ſemper accuſatio permittitur, l. vlt. ff. eod.* Ce que nous auons dict du faux, s'entend en exception : auquel cas il peut eſtre objecté & pourſuiuy apres trente ans. Et ne peut non plus la fauſſe ſuppoſition d'vn enfant ſe preſcrire par vingt ans, ny par preſcription plus grande, *l. qui falſam. §. vlt. ff. de falſ. Vis commiſſa in marem aut fœminam ſine præſcriptione eſt, cum vim publicam ſentiat, l. quatri §. fin. ff. de adult.*

Le pere toutesfois, qui aura trouué ſon fils adulterant auec ſa femme
Nouerque

Noüerque de celuy qui commet l'adultere, & l'ayant tué, ne peut estre puny du dernier supplice comme parricide : ains seulement de l'exil, ou simple bannissement, *l. diuus Adrianus. ff. ad leg, Pomp. de parricid.* De mesme le furieux, qui pendant les violens accez de sa fureur, auroit tué vn sien proche, ne doit subir la peine du patricide : mais ce sera vn traict de la prudence du Iuge, pour empescher telles gens de mal faire, & d'exceder aucun, de les faire attacher, les retenir prisonniers, ou les ammanetter, *l. pœna. §. sanè. eod. l. diuus. ff. de offic. præf.*

tuë son fils
adulterant
auec sa Noüerque comment puny.
Le furieux, qui tue son plus proche pendant sa fureur.

Le crime de leze Maiesté diuine contient

- **1** Le blaspheme
  - Contre Dieu, luy attribuant
    - L'iniustice,
    - La malice,
    - L'impuissance,
    - La cruauté, &c.
  - Contre la Vierge sacrée,
    - Niant sa conception sans peché,
    - Qu'elle ne soit tousiours demeurée Vierge.
  - Contre les Saints,
    - Blasphemant leurs noms:
    - Abbattant leurs image.
- **2** L'Apostasie de ceux
  - Qui font banqueroute à la Foy
  - Violent les vœux de leurs Ordres,
  - Sont irreguliers.
- **3** L'heresie, quand l'homme
  - Erre en la raison,
  - Contre la determination d'Eglise, estant Chrestien & baptisé,
  - Tenant opiniastrement son erreur.
- **4** La Simonie
  - Par achept à deniers comptans des benefices Ecclesiastiques:
  - Ou vente d'iceux *precio numerato.*
- **5** Sorcelerie, qui contient
  - La Magie,
  - Necromance,
  - Piromance &c.
  - Accointance des diables
    - Incubes,
    - Succubes.

LE CRIME DE LEZE MAIESTE DIVINE.

LE plus grand & enorme de tous les crimes est celuy de leze Maiesté diuine : puis qu'il est plus grief d'offencer l'eternelle Maiesté, que l'humaine & corruptible : estant l'offence d'autant plus graue, que Dieu excelle

par deſſus l'homme: *Autbent. Gezaros C. de hæret. & Manich. deſumpta. de ſtatu-
tis & conſuet § GaZaros. collat. 10. conſtit. fin. vnde d. autbent. de ſumpta eſt. c. vergen-
tes in ſenium extr. eod. de hæret. & ibi gloſ. in verb. granius , l. Manichæos. C. eod. c.
cum ſecundum leges. eod.*

Deux ſortes
d'offences ſe
commettent
contre Dieu.

L incomprehenſible & ſupreme Maieſté de Dieu pu peut eſtre offencée ou
occultement, ou viſiblement : Qٔant au crime de leze Maieſté diuine occulte, les hommes conſtituez en charge de Iudicature, & eſleuez ſur les Tri-
bunaux iudiciels, n'en peuuent cognoiſtre : ains en eſt l'entiere cognoiſſance & punition reſeruée au tout-puiſſant Empereur du Ciel & de la terre,
qui eſt pour ceſte raiſon appellé, *Scrutator cordium & renum*, lequel le Pro-
phete Royal prie, *ab occultis meis munda me, & ab alienis parce ſeruo tuo.* Adiou-
ſtant. *Si mei non fuerint dominati, tunc immaculatus ero, & c. c. vnic. §. porro vt Ec-
cleſiaſt. beneſic. ſine dim. conf. c. ſicut extr. de Simon. c. erubeſcant. in ſm. 32. diſtinct.
cum gloſ. notabili in verb. Secretorum.* Nous ne traitterons donc en ce lieu que le
crime de zele Maieſté diuine notaire, & manifeſte, tel qu'eſt le Blaſpheme, la Preuarication, Apoſtaſie, Hereſie, Simonie, Sortilege, Enchantemens.

I.
Que c'eſt que
blaſpheme
contre Dieu.

Le blaſpheme, n'a que Dieu pour obiect : & ſe commet en meſdiſant de
Dieu Tout puiſſant, ou luy attribuant choſe qui ne conuient à ſa toute puiſſance: comme l'impuiſſante, l'iniuſtice, la malice, la cruauté, &c. & c. *ſi quis per
capillum. 22. q. 1. c. Statuimus. extr. de maledic.* Ouy luy oſtant les diuins attributs,
qui nous le rendent incomprehenſible, & qui luy conuiennent tres-propre-
ment: comme la prouidence de toutes choſes, la toute puiſſance, la preſcience,
la bonté, iuſtice, & miſericorde. Que le Saueur de nos ames ne ſoit pas vray
Dieu & homme. Qu'il ne hayſſe pas le peché : ou qu'il ne ſoit reellement au
ſainct Sacrement de l'Euchariſtie. Ou en attribuant à la creature l'honneur
deu au Createur: comme de dire que l'homme mortel ſoit Dieu, qu'vne ſtatue
puiſſe conferer la grace de Dieu, qu'vn homme puiſſe predire, & annoncer
les choſes cogneuës à Dieu ſeul.

Peine deuë
aux blaſphe-
mateurs.

La peine de ce crime, ſelon le droict ciuil, eſt de la mort iuſtement ordonnée contre les execrables blaſphemateurs, puis que nous ne deuons diſſimuler les offences commiſes, contre celuy qui a ſouffert vne mort ignomi-
nieuſe, pour lauer nos forfaicts: *Autbent. vt non luxur. contr. nat. coll. 6. c. in non-
nullis extr. de Iudæis, Sarac. & eor. ſer.* Ez non ſeulement les blaſphemes impies

Blaſphemes
contre la
Vierge ſa-
crée.
Contre les
Saincts.

prononcez contre l'honneur de Dieu meritent telle peine : mais auſſi ceux
qui ſont proferez contre le nom & honneur de la Vierge glorieuſe, mere de
Noſtre Redempteur : & contre celuy des Saincts, approuuez de l'Egliſe Catholique, Apoſtolique, Romaine : veu que comme le formateur de l'Vniuers
eſt loüé en ſes Saincts, par ſes merueilles qu'il a faictes, & fait encor iournellement par eux : de meſmes il y eſt offencé, quand d'vne bouche impure
& abominable, leur ſaincte vie, ou leur nom eſt blaſphemé. Et ſont de ce

Abateurs
des images.

rang ceux, qui abbatent les images poſées deuant les Egliſes, ou le ſacré ſigne
de la Croix, en quelque eſtoffe qu'il ſoit repreſenté, les rompent, briſent, &
foulent aux pieds, *c. ſi Canonici. §. cæterum de offic. Ordinarii. in 6. l. ex ſenatuſcon-
ſulto ff. ad l. Cornel de ſiccar. & ibi Angel. l. vnic. & ibi gloſ. c. nemini licere ſignum
Saluatoris Chriſte, & c.*

Moderne pu
nition du
blaſpheme.

En France la peine de ce crime eſt diuerſe : car l'Ordonnance de S. Louys
touchant les blaſphemes, a eſté quelquefois ſuiuie, reiteree ſous Char-

les neufiéme, en l'article vingt-troifiéme de l'Edict d'Orleans:& fous Henry III. en l'article 31.de celuy de Blois : & encores rafraichie depuis trois ans, par le tres-Chreftien & tres victorieux Henry IIII. (que Dieu abfoluë.) Les vns ont efté comdamnez à prifon,pour certain temps,au pain & à l'eau, & en l'amende. Les autres en l'amende honnorable, auec confifcations de biens. Autres à auoit la langue percée. Plufieurs de ceux qui ont rauy de la main des Preftres la facrofainte Hoftie, on brifé & defmembre des images, à la mort,& au feu.Et autres diuerfement, comme voftre diligence (debonnaires Lecteurs) pourra remarquer, *par tout le titre fecond, liure premier du Recueil des Arrefts de Papon, imprimé à Paris* 1607. icy omis à caufe de briefueté.

L'Apoftafie eft la rebellion que commettent ceux , qui ayans efté efclairez de la lumiere Euangelique, & parfaicte recognoiffance de la verité, s'en retirent neantmoins: embraffans le plomb de leurs paffions , pour quitter l'or de la grace diuine impugnans la verité cogneuë, *Can.non obferuetis , & c. vlt. 26.qu.vl.* que l'on met en trois confiderations.La premiere , de ceux qui ont fait banqueroute à la Foy,qu'il ont profeffée au Baptefme , & à la Religion, qu'ils ont iufques lors fuiuie,*c.non poteft.2.q.7.* qui ne doit eftre delaiffée impunie,*Panormit.& Hoftien.in.e.1.num,3.extr.de Apoft.* La feconde de ceux qui ayans fait vœu de Religion,ou reçeu les facrez Ordres de Preftrife,quittent le froc,pour fe reietter dans le monde,fe difpenfans de l'obferuation de leurs vœux,*c.fi qnis venerit.& c. illud extr.de maior. & obedient.* La troifiéme de ceux qui encourent irregularité,fur l'obferuation de la Regle,ou habit,auquel ils fe font voüez fans difpence *c.1.extr.de Apoft.* Et tels doiuent eftre punis par prifon, iufques à ce qu'ils foient reuenus à refipifcence, ayent promis de ne plus recidiuer,& d'obferuer ce qu'ils auoient fi folemnellement promis auant l'irregularité, *Can. à nobis , iunct. glof. in verb. refipifcant. eod. Ecclefia enim non claudit grenium refipifcentibus & redeumibus , l. inter claras, Cod de fumma Trinitate & fide catholic.* Eftant à noter que l'Apoftat ne doit iamais eftre receu à depofer, ou porter tefmoignage,en quelque matiere que ce foit, ny moins à denoncer & accufer autruy:*e.beatus.& c fi quis vero.3.q.4.*

L'Herefie eft non fans caufe mife entre les crimes de leze Maiefté diuine , puis que directement elle tend à la diminution de la puiffance & authorité de Dieu,*c.1.de fuum. Trinit & fid. Catholic.l. 1. C.eod.c. ad abolendam. & c. vrgentis.extr. hæred.* Ceux donc qui fe defuoyans de la foy,tiennent opinions contraires à ce qui a efté determiné par l'Eglife Catholique , y perfeuerent opiniaftrement , & les deffendent, font tachez de ce crime.*c.1. ibi Abbas & DD ex.de hæret.c.inter hærefium,& c.hæreticus,24.q.1.l.quicum. §.vlt. C. de hæret.*

Vray eft, que cinq chofes font requis, pour les declarer tels. La premiere , qu'ils errent en la raifon. La feconde, que tel erreur foit contre la determination de l'Eglife. La troifiéme, que celuy qui tient tel erreur , foit Chreftien,regeneré par le Baptefme, *quia hærefis non cadit in Turcas , Paganos , aut Idolatres.* La quatriéme , que l'errant aye quelque eroyance au Sauueur I E S V S-C H R I S T ; parce que s'il defnioit tout le Symbole, ce ne feroit Herefie , mais Infidelité, ou Apoftafie au premier chef, s'il auoit efté Chreftien.La cinquiéme,qu'il foit opiniatrement attaché à fon erreur:*c.dixit Apoftolus.14.quæftion.3.*

La peine de l'Herefie a de tout temps efté le feu , tant en ce Royaume, qu'éflieux circœmuoifins : comme l'on peut voir par infinis Arrefts, rendus

II.
Definitió de l'Apoftafie.

Trois fortes d'Apoftats. Deferteurs de la Religió Catholique violateurs de vœux Irreguliere.

Apoftat non receuable en témoignage.

III.
Definition de l'Herefie.

Cinq chofes requifes pour declarer vn homme heretiq̃;

Peine de la Herefie.

en diuers Parlemens de France , soûs les regnes de François I. Henry II.
François II.& Charles IX.& ce suiuant l'opinion des Docteurs, *Panorm.Ioan.
Andreas,Hostiensis,&c.in c. ad abolendam. extr. de hæret.* l'opinion desquels est
fondee sur le texte du 15.chap.de l'Euangile de S. Iean, estant la raison beaucoup plus valable,de punir de mort ceux qui falsifient les sacrees Escritures,
& cotrompent la parole de Dieu par leurs fausses interpretations , que ceux
qui falsifient & alterent la monnoye des seculiers.

IV.

*Definition
de la Simo-
nie.*

La simonie , qui est le detestable maquignonnage des Sacremens , Prela-
ture, dignitez Ecclesiastiques , & choses en dependantes , venduës comme
l'impie Simon,duquel elle a tiré son nom, le desiroit: est nombré entre les
plus graues crimes de leze Maiesté diuine,qui n'eschappe iamais la punition
de la fureur diuine,non plus que le Giezi du quatriesme des Roys:ayant esté
de tout temps condamnee du droict diuin & humain , *vi patet in extrauagant.
Pauli,incipient.cum detestabile.sub.tit.de Simon.text.in cap.qui studet.1.quæst.1.Pa-*

*Le Simonia-
que ne peut
faire siens
les fruicts du
benefice ob-
tenu par Si-
monie.*

normit. nc.nemo. de Sim. Et ne doit estre laissee par le Iuge Ecclesiastique, sans
seuere punition , *tot. tit. de Simonia, & ibi DD.* Aussi ce crime a esté de tout
temps tenu pour tellement detestable , que le Simoniaque ne peut faire siens
les fruicts du benefice qu'il a obtenu par Simonie : ains luy, ou ses heritiers
apres son deceds,la Simonie verifiee,sont tenus à la restitution d'iceux,*per d.
extrauag.Pauli,cum detestabile.*

V.

*Sorcellerie
crime de
leze Ma esté
Diu ne au
premier chef*

Le sortilege,sorcellerie,ou art & exercice de Magie,qui contient paction
particuliere auec le diable, pour auoir puissance de l'exercice, auec renonciation expresse de Dieu, de la Foy, du Baptesme, & autres Sacremens , est
l'vn des crimes de leze Maiesté Diuine au premier chef,veu qu'il ne peut estre
exercé que par l'œuure & ministere du diable,*26.q.in 5.summa.& 26. q.2.c.
qui sine saluatore.l. nemo, & l. multi.C. de malefic.& mathemat.c.1.& 2.de sortil.*
Estans les sorciers,Magiciens,Deuins & Enchanteurs, tenus pour aduersaires du genre humain , & mortels ennemis du salut des hommes, *l.& frexce-
pta.& l.fin.C.eod.* En mesme qualité sont tenus les Docteurs de telles sciences
comme sont les Necromanciens,Geomanciens,&c.*l.nemo.C.de pagan.* & ceux
qui par pareils artifices font profession de guerir les maladies incogneuës &
incurables,ensemble ceux qui l'apprennent d'eux pour s'en seruir,sont tous
coulpables de pareille peine,*l.penult.C.de malefic.& Mathemat.*

Pour voir les diuerses sortes de Sortileges,ou Magie,soit la Necromance,
Pyromance Hidromance,&c.pour les diuinations que font les sorciers,pour
l'amour,pour les malades,ou pour les malefices:& les iustes punitions deuës
à cét horrible & abominable crime, voyez le liure qu'en a expressement mis
en lumiere feu Monsieur Bodin,viuant President à Lyon , intitulé la Demo-
nomanie,où il rapporte plusieurs Arrests rendus en diuers lieux, contre les
Sorciers. Voyez en outre Iean Veyer Allemand, en son liure des Sorciers,
*Paulum Grillandum, in lib. de sortilegiis. Iodec. Damhouder , in praxi criminali. e.
61.& sur tous Martinum del Rio Iesuite,* aux six liures qu'il a fait *disquisionum
magicarum:*ou il a auec admirable doctrine traicté cette matiere: & en ces au-
theurs vous verrez les transports des Sorciers en leurs assemblees, leurs ado-
rations,dances,festins,accouplement,&c.

La peine de ce crime doit estre le feu sans remission:comme il fut iugé *par
Arrest de Paris du 2. Mars 1572.* executé contre vn aueugle sorcier. La co-

gnoiſſance en appartient au Iuge Laic, priuatiuement à l'Eueſque, ou autre Iuge Eccleſiaſtique: ainſi qu'il a eſté iugé par Arreſt de Paris, de l'annee 1390 ſinon que *de fide agatur, & de ea fit inquirendum.* Car en ce cas l'accuſé doit eſtre renuoyé à l'Eueſque, comme fut iugé par arreſt de Paris, au Parlement de Sainct Martin, de l'année 1582. *Papon.*

Le crime de leze Maieſté humaine eſt l'attentat.

1 Contre la perſonne du Prince ſouuerain.
{ Pour le tuer par armes,
Par ſacrileges,
Par poiſon.

& Contre ſon Eſtat:
{ De trahiſon de ſes villes,
De ſes armées,
Intelligence auec ſes ennemis.

2 Contre les Conſeillers de ſon Conſeil d'Eſtat
{ En ce qui concerne le ſeruice du Prince.

3 Contre ſon Lieutenant general du Royaume:
{ Entreprenant ſur ſon authorité, ſur ſa vie:
Sur les Gouuerneuts des Prouinces.

4 Par intelligence auec ſes ennemis,
Les mediateurs à ce employez:

5 Infraction du ſauf-conduit octroyé
{ Aux ennemis,
Leurs oſtages.
Ambaſſadeurs.

6 Fabrication de la monnoye
{ Sans permiſſion,
Auec fauſſe matiere,
Fauſſe marque,
Faux poids,
Rongnant la monnoye.

7 Sedition auec
{ Port d'armes,
Aſſemblees illicites,
Inuaſion des villes & pays du Souuerain, à main armée.

LE CRIME DE LEZE MAIESTE' HVMAINE.

LA Maieſté des Roys & Princes ſouuerains (qui ſont les images viuantes de Dieu en terre) eſt non ſeulement recommandee par le droict Ciuil & Canonique, mais auſſi par les Eſcritures ſacrees. Dieu par la bouche de l'Apoſtre commande de leur obeyr, quelques diſcoles qu'ils puiſſent eſtre; atteſtant que le ſeruice qui leur eſt rendu, eſt faict à Dieu, & qui leur reſiſte,

luy resiste, & à ses diuins commandemens: veu qu'il leur a ceint le glaiue trã-
chant sur la cuisse, pour en exercer sa iustice parmi les peuples, au repos &
tranquilité des bons, & punition des meschans : par la iuste distribution du
loyer & de la peine. Et partant ne peut leur authorité souueraine estre offencée, sans crime extresme, qui tient le premier lieu entre tous les autres
plus abominables, apres celuy de leze Maiesté diuine, bien que l'ayons logé
auparauant. D'autant qu'il regarde, outre la Maiesté du Prince, le repos public, & asseurance de tous les particuliers de la Republique Monarchique.
Aussi est il tellement crime public, qu'il est permis à toutes sortes de personnes, de quelque qualité & condition qu'elles soient, d'en instituer l'accusation, & en deferer les coulpables.

Le 1. chef de ce crime est, la coniuration, ou conspiration faicte contre l'E-
stat, ou la personne du Prince, pour le faire mourir proditoirement, soit par
force & violence d'armes, poison ou autrement ; la consommation de telle
entreprise, tenant la plus extreme atrocité que l'on sçauroit excogiter. Et ne
peut seruir d'excuse au parricide entrepreneur, que le Prince contre lequel
il a conspiré, soit Tyran, ou violent enuers ses suiects : attendu qu'il tient de
Dieu sa puissance immediatement, qui donne des Roys aux peuples bons ou
mauuais, selon les vertus ou demerites, Et ores que Theodosius, Arcadius, &
Honorius, Princes tres-humains, ayent ordonné, quand on a mal parlé du
Prince souuerain, *si id ex leuitate animi processerit, contemnendum: si ex insania, mi-*
seratione dignißimum : si verò ab iniuria, remittendum esse. l.vnic. si quis imperatori
maledixerit. Ce neantmoins quiconque detracte des actions de son Prince
souuerain est punissable comme criminel de leze Maiesté, s'il n'est absous,
par la benignité du Prince.

Le 2. chef est de celuy qui aura conspiré contre ceux qui assient au Prince
en son Conseil priué, ou estroit, en choses neantmoins qui concernent le
seruice du Prince, veu que le Conseil est partie du Prince : *l.quisquis, in princ.*
C. ad leg. Iul. Maiest. & ibi Albéric. & Bald. c. cum dilectus, iunct. glos. in verb. fami-
liare. extr. de Cler. non resident.

Le 3. est pareille conspiration contre vn Lieutenant general du Roy en
tout son Royaume, vn chef d'Armée, Gouuerneur d'vne prouince, ou autre
ayant de luy charge, en ce qui concerne sa charge. D'auoir contre luy en
cette qualité mis la main aux armes, en intention de l'offenser.

Le 4. est aux factions qui se traittent par le subiect du Prince auec ses ennemis, pour trahir sa personne, son Estat, son armée, ou ses villes, *cuius dolo*
malo exercitus in insidias deductus, hostibúsve proditus exit. Et d'autant qu'vn si malheureux negoce est brassé contre les Loix diuines & humaines, ceux qui en
sont attaints doiuent estre punis sans remission, *l. vlt. de abolit. l. cuiusque & l.*
Maiestatis. & ad leg. Iul. Maiest.

Autant coulpables & punissables sont les mediateurs ou entremetteurs de
la poursuitte de telles trahisons & conspirations (bien qu'il y aye vn chef
de l'entreprise) s'il est verifié qu'ils se soient employez pour en gaigner
d'autres, soit en leur distribuant deniers, soit en promettant ; prenans d'eux
la foy pour adherer à la trahison, & les y obligeans, comme naturellement
ils s'obligent à eux, *d. l. cuiusque.*

Le cinquiesme est, en l'infraction du sauf conduit octroyé par le Prince
à l'ennemy, ses ostages, ou Ambassadeurs, s'ils sont offencez, ou qu'il

leur soit mesfait leurs personnes & biens , *l. 1 ff. ad leg. Iul. Maiest.* Et est ce cas estimé , par le Iurisconsulte, conforme au sacrilege.

La punition de ce crime est touliours du dernier supplice, mais diuerse-ment : car au premier chef, concernant la personne du Prince, ou son Estat, ou celle de son Lieutenant general au Royaume, ou aux gouuernemens, c'est, d'estre le criminel tiré à quatre cheuaux, comme fut le Comte de Gannes par Ordonnance de Charlemagne, ayant trahy l'armée Françoise, reuenant d'Espagne, que Gaguin (apres le narré de la trahison) rapporte en ces termes, *Hæc à Ganelone , qui Marsilo infideli extramam Francorum aciem pecunia corruptus prodidit , clades illata est. Sed preditorem pœna non deseruit ; Carolus enim Ganelonem apprehensum , Aquisgranum duci, ibi equis ferocißimis quatuor , pedibus manibusve distractum , membratim dißipari iubet.* Et ainsi a il esté practiqué de nos iours és personnes de Pierre Chatel, & Guillaume Barriere , pour les attentats par eux faicts à la personne du Roy tres-Chrestien Henry IV. & n'a guieres, au corps mort de Nicolas l'Hoste, pour la desloyale perfidie, dont il vsoit, descouurant à l'Espagnol les secrets du Roy, desquels il auoit communication, comme Commis de l'vn de ses Secretaires.

Pour les autres chefs sont decernez autres genres de mort : comme de la rouë , des tenailles ardantes auant la corde, d'estre mis en quatre quartiers, &c. dont doiuent estre punis les coulpables, & leurs complices & adherans. Et non seulement est en ce crime punissable l'execution : mais aussi la simple & seule volonté , si elle se peut descouurir & manifester: ou qu'elle soit preuuée par quelque acte & indice que ce soit, *l. quisquis. C. ad leg. Iul. Maiest. Angel, in fin. §. ff. fin. quod quisque iuris , Archidiacon. in c. ego 22 qu. 2. l. 1 ff. de extraord. crim. l. aut facta. §. euentus. ff. de pœna. DD. in l. si quis non dicam repere. C de Episcop. & Cler.*

Et ores que les loix sus alleguées ne semblent infliger la peine, ny le prescrire que contre les conspirateurs de la mort de l'Empereur, & non d'autres: si est-ce que outre les Roys, qui ne recognoissent l'Empereur (comme le tres-victorieux Roy de France, &c.)la mesme peine est practiquée pour le regard des Princes Ducs, & Marquis souuerains , en leurs Estats , bien qu'ils recognoissent superieurs : comme il fut iugé par Arrest de l'an 1495. contre vn Iurisconsulte nommé Largiret, qui auoit conspiré contre le Duc de Sauoye, qui lors auoit l'Empereur pour superieur: Et encor par Arrest de Paris du 26. Octobre 1582. contre Salcedo, pour l'attentat par luy faict à Anuers à la personne de Monsieur frere du Roy Henry I I. (que Dieu absoluë) *Vide notat. in l. 3. C. de Episcop. audi.*

Ce crime a de tout temps esté tellement odieux , que les loix ont comprins les enfans du criminel de leze Maiesté en la punition du pere , en ce qu'elles les priuent de toute sa succession , ensemble de celle de la mere ou ayeule , de tous les laigs testamentaires & institutions des estrangers, afin qu'ils soient accompagnez d'vne perpetuelle pauureté , & de l'infamie, qui leur rende la vie odieuse , & la mort souhaitable, & doiuent referer à la seule clemence du Prince ce, qu'il leur laisse la vie sauue, veu que l'atrocité du crime les deuoit enuelopper en mesme supplice, *l. 5 §. filii vero. C. ad leg. Iul. Maiest.*

LA FABRICATION DE LA MONNOYE, qui a cours en vn Royaume, ou Prouince, soit du lieu, ou estrangere, sans permission du Prince, qui y commande souuerainement , est nombrée entre les crimes de leze

Punition de ce crime

Punition du Conte de Gannes à Aix la Chappelle,

La peine est moindre aux autres chefs,

VI
La sixiéme fabrication de fausse monnoye.

Maiesté : & se commet en cinq manieres.

La premiere, quand la monnoye est fabriquée sans permission (comme dit est) ores qu'elle soit de bon aloy, & du iuste poids requis & necessaire : veu que ce n'est aux particuliers de battre monnoye : ains au seul Prince, ou a ceux qui ont permission de luy d'autant que c'est l'vne des plus assentielles marques de Souueraineté : & ceux qui à ce contreuiennent, sont sans remission punissables de mort : soit du glaiue, de l'huyle boüillant, du licol, ou du feu, *l.1.& 2.C.de fals. monet.*

La seconde, quand le poids, ou la matiere sont faux, comme si elle est de cuiure doré, ou argenté : car ores qu'il eust permission du Prince, il est subiect à la peine des Loix sus alleguées : *& l.cuicunque nummos, cum l. sequent. ff. ad l. Cornel.de fals.*

La troisiesme, en falsifiant l'image du Prince, grauée au dessus : ou la superscription qui y doit estre, *l. lege Cornelia testamentaria. ff. ad leg. Corn. de fals.*

La quatriéme, en faisant la monnoye (quoy qu'auec permission) plus foible, legere & de moindre poids qu'elle ne doit estre : ou rongnant celle qui est desia faicte : & legitimement marquée, pour en affoiblit le iuste poids qu'elle auoit, *lege Cornelia cauetur, ff. ad leg. Cornel. de fals. & ibi DD. glos. I. super verbo defraudata, in c. quanto. & ibi Panormit. extr. de iniur. & in l. 2. Cod. de veter. numismat. po. est. lib II.* Et doiuent tels rongneurs & fabricateurs estre pendus, comme volleurs : *François I. à Lyon, le 23. Iuillet. 1546. contre les rongneurs de monnoye.*

La cinquiéme partie regarde ceux qui acheptent, ou eschangent marchandises à la fausse monnoye, laquelle en apres il sement parmy le peuple sçiemment, pour le lucre qui leur en reuient *Vide ad hoc DD. in d.l. lege. Cornelia cauetur, & Panormit. in praalleg. & quomodo puniendi sint extraordinarié ad arbitrium Iudicis, argum. l. saccularii. in princ. & ibi glos. ff. de var. & extraord. criminibus.* Ce crime (comme tous les autres chefs) est l'vn des publics, & partant en est l'accusation permise à vn chacun : tant contre les fabricateurs, que contre ceux qui les recelent, leur prestent ayde & faueur, & ne les reuelent : veu qu'ils sont subiects, comme coulpables, à pareille peine que les principaux deliquants : *d. l. 1. C. de fals. monet. & d. c. quanto* Et non seulement en ce crime les recelateurs sont coulpables, mais aussi en tous autres crimes, comme larcin sacrilege, homicide, &c. *tot. tit. C. de his, qui latron. vel. ad Crim. l. congruit. ff. de offic. praes.* ceux neantmoins qui ignorent que ceux qu'ils retirent, soient criminels sont incoulpables, *l. regula. de iur. & fact. ign.* L'hoste qui retire contraint à ce par son office, *Bart. in l. omnes. C. de agril. & censit.* Celuy que le coulpable comme plus fort force & contrainct de le retirer, *l. in omnibus, ff. de noxal. act.* celuy qui retire ses peres, freres, ou proche parent coulpable, *non omnino absoluitur, sed lenius punitur, Oldrandus consil. 53.* Et celuy qui le rend aussi tost à la Iustice, *l. vnic. eod. in c. Theodos.*

Est au surplus remarquable, que ce crime est l'vn de ceux, où les complices font foy les vns contre les autres. Monsieur Boyer, *en sa decision, 108.* en a remarqué plusieurs autres, où les complices peuuent faire foy. Le premier en crime de leze Maiesté au premier chef, *l. quisquis C. ad l. Iul. Ma. & c. 1. de conf.* Le second en sacrilege, *c. in primis. 2.q.1. & c. qui autem. 17.q.4.* Le troisiéme, en coniuration, ou conspiration deliberée par plusieurs, *c. fin. de test. cog.* Le quatriéme, en ce crime de fausse monnoye, qui ne se peut faire sans nombre de ens, *d. l. 1. C. de fals. monet.* Le cinquiéme en l'Heresie, *c. literas. de praesumpt. c. in*

fidei

fidei fauorem de heret. Le sixiéme, en Simonie, *c.1 de testib. lib.* 5. Le septiéme en assassinat, mis par Balde *in l. non ideo minus, vers. super quod dicis, C de accusat.* Le *§. eadem*, de la Loy, *lege Cornel. cauetur*, apporte encore vne espece de faux en la monnoye, qui est assez commune en ce Royaume, & neantmoins n'y est aucunement puny.

La sedition est aussi mise entre les crimes de leze Maiesté, dont sont coulpables ceux qui conspirans contre le Prince, ou la Republique, ou contre les Gouuerneurs d'icelles, font assemblées illicites, de trouppes de gens en armes, sans le sceu, ou commandement du Souuerain. Occupent par surprise, ou par force les villes, chasteaux, citadelles, & fortetesses. Qui ont pris & porté les armes contre leur Prince naturel, en temps de guerre ciuile ou estrangere. Qui ont enuoyé messagers à l'ennemy, pour luy descouurir les secrets du Prince leur souuerain : ou les entreprises qu'il auoit faites de le surprendre. Qui ont assisté l'ennemy, d'armes, cheuaux, argent, viures, ou autres munitions de guerre, dont il se soit fortifié. Qui a rendu à l'ennemy le fort, où il estoit en garnison, sans en aduertir le prince, ayant viures & munitions necessaires pour plus longuement tenir. Qui pendant le cours de la guerre, a trahy ses compagnons, pour les faire tomber entre les mains des ennemis. Qui a sans congé & licence de son capitaine abandonné son enseigne. Qui commet actes, par le moyen desquels la paix, & publique tranquillité soit troublée. Qui tient prisons priuées en sa maison, & y trauaille, & detient les personnes, & les y ameine par force : *tot. tit. ad l. Iul. Maiest. l. vni. C. de priuat. carcer, l. si quis barbaris. C. de re militari. lib.* 12. *l. omne delictum. §. si quis commilitonem, eod.* La Loy derniere *de rerum diuisione*, y adiouste les escheleurs des murailles de villes, & en consequence de ce, ceux qui en prennent la mesure & hauteur, pour la porter aux ennemis, à fin qu'ils puissent faire des eschelles, pour surprendre la ville à leur commodité. De mesme crime est coulpable celuy, qui achepte, ou fait sous main achepter, les viures destinez pour l'auitaillement d'vne place assiegée (s'il est du party des assignez) à ce que la prise en soit plus facile. Ou ceux qui sont enuoyez pour la nourriture du camp, ou armée de son Prince, à fin de diuertir le moyen de l'entretenement d'iceluy, & l'affamer, *l. vlt. quae res vendi non poss. & qui vend. vel emere vet.*

VII. La sedition, septiéme crime de leze Maiesté.

Ores qu'en la plus part des accusations criminelles, l'accusateur à faute de preuue, soit quitte pour les dépens, dommages & interests de l'accusé : en crime de leze Maiesté neantmoins le succés n'en est semblable ; Car s'il n'y a que semipreuue : ou s'il n'y en a point du tout, l'accusateur se sousmet, en commençant d'accuser, au peril de sa vie. Et si la preuue luy deffaut, luy mesme doit estre tenu & appliqué à la question comme l'accusé, pour donner iour à la verité, ou à la calomnie, *l. quis alicui. C. ad l. Iul. Maiest.*

L'accusateur en ce crime n'est quitte pour les despens, dommages & interests, comme aux autres, ains doit subir la peine qu'eust merité l'accusé.

Sur la denonciation de l'impudique Fuluie Romaine, la coniuration de Catilina estant découuerte, elle fut par la diligence de Ciceron esteinte : luy banny de la Republique, & depuis tué en bataille rangée : & ses complices Lentulus & Cethegus estranglez en prison. A l'imitation de ce, la Loy a voulu, que toutes sortes de personnes, voire les femmes plus infames, soient receuës à l'accusation du crime de leze Maiesté. *Famosi enim qui ius accusandi non habent, sine vlla dubitatione ad hanc accusationem admittuntur. l. famosi, l. mulierem de accusat. l. in quaest. eodem.* Et ores que *cogitationis poenam nemo patiatur, l. cogitationis. ff. de poenis* ; neantmoins en ce crime, *eadem seueritate voluntatem*

Les infames mesmes sont receus à l'accusation de ce crime.

La simple affection en ce crime est puniſſable de mort,

ſceleris , qua affeEtÜm puniri iura voluerÜnt . l. quisquis ſup. alleg. l. lex Iulia. C. de publíc. Iud. Et partant la ſeule machination & entrepriſe, bien ſans effeӕ, comme nous auons cy-deuant dit. eſt puniſſable de mort. A ce propos fait l'Arreſt rapporté par Papon, d'vn Gentilhomme, qui s'eſtant confeſſé d'auoir eu volonté de tuer le Roy Henry II. nonobſtant qu'il en euſt repentance, eſtant deferé par ſon Confeſſeur, il fut condamné à la mort.

La mort ſuruenuë à l'accuſé du crime de leze Maieſté, n'efface l'offéce.

Bien que la mort ſuruenuë au priſonnier efface tous les crimes, dont il eſtoit acculé , ſans diminution de ſa reputation , ny de ſes moyens, qui luy demeurent par ce moyen entiers : s'il s'agit neantmoins d'vn crime de leze Maieſté, la mort ſuruenuë n'empeſche que ſon procés ne ſoit pourſuiuy, parfait & parachevé, meſme apres ſon deceds . & s'il demeure conuaincu , ſes biens ſont confiſquez , & la Sentence ou Arreſt executé en ſon corps mort, s'il s'eſt precipité ou trouué mort en la priſon, incontinent apres icelle prononcée. *l. vlt. ad l. Iul. Maieſt.*

L'accuſé du crime de leze Maieſté ne doit auoir Procureurs, Aduocats ny Solliciteurs. Eſt inteſtable. Ne peut receuoir deniers de ſes debiteurs.

Auſſi void on qu'en tous autres crimes, l'accuſé peut auoir pour ſa defence Aduocats, Procureurs , & Solliciteurs : mais en ceſtuy-cy, la bouche eſt cloſe à tout le monde , pour interceder pour l'accuſé, ne pouuant perſonne viuante ouurir pour luy la bouche, s'il ne veut eſtre declaré infame à iamais, *d.l. quisquis.§ denique l. fallaciter. C. de abolition.*

Et encores l'atteint de crime , dés l'heure de l'accuſation contre luy inſtituée, perd l'entiere adminiſtration de ſes biens, & la libre diſpoſition d'iceux, ſans qu'il en puiſſe teſter:iceux vendre, aliener, ny valablement receuoir les debtes à luy deubs. *Ex quo enim* (dit la Loy) *qui ſceleratiſſimum conſilium accepit , exinde ſua mente quod immodo punitus eſt d.l. vlt. ad l. Iul. Maieſt. C.* Bien que les autres crimes ne luy empeſchent telle diſpoſition: *in reatu enim conſtitutus, bona ſua adminiſtrare poteſt , eique debitor bona fide ſoluit. l. aufertur , §. in reatu de ſolution.*

Celuy qui reuele ce crime , doit obtenir impunité & recompenſe.

Il eſt certain qu'entre tous les autres crimes commis & perpetrez, ores que l'vn des complices les reuele , il n'euite pourtant la punition deuë à ſon malefice: mais au contraire au crime de leze Maieſté, le premier qui ſe découure au vray, obtient impunité: ores qu'il aide à l'executer. Que s'il n'y a rien d'executé, le releuant doit, outre l'impunité, obtenir honorable recompenſe de ſa delation : *qui enim ſtudio vera laudis accenſus prodidit factionem , & premio , & honore à nobis donabitur* (dit l'Empereur) en la Loy *quisquis. §. vlt.* Eſtant remarquable, qu'en haine de ce crime, l'on n'a point plus d'égard aux Princes du

L'accuſé, & conuaincu de ce crime, doit eſtre puny ſans acception de qualité, & de perſonne.

ſang, Ducs, Marquis, Cheualiers de l'Ordre, qu'aux autres, *L. nullus. C. ad l. Iul. Maieſt.* Et ne peuuent , ny doiuent les corps morts des condamnez & executez pour ce crime, eſtre donnez aux parens pour les inhumer, *l. 1. §. 1 ff de ca puni.*

L'accuſation du fils contre le pere, n'eſt cauſe ſuffiſante pour eſtre par luy exhereder.

Finalement ſera remarquable , qu'ores que le fils accuſe ſon propre pere coulpable de ce crime, apres auoir taſché de le diuertir de ſon entrepriſe: telle accuſation (bien que capitale) ne peut ſeruir de cauſe legitime au pere pour l'exhereder:nonobſtant le contenu au §. *cauſa. Nouella vt cum de appell. cogn.* Parce que ſçachant la conſpiration de ſon pere, il eſt tenu le deferer, s'il ne veut luy meſme courir fortune de ſouffrir comme complice, la punition deuë au coulpable de leze Maieſté.

FIN DV PREMIER LIVRE.